阪神・淡路大震災

流通戦士の48時間

――街の明かりを消したらあかん――

流通科学研究所
[編]

毎日新聞出版

阪神高速道路神戸線の倒壊は全国に大きな衝撃を与えた

阪神高速道路神戸線の倒壊によりトラックが横転

焼失した西神戸店

長田店周辺・長田の火事

商品の惨状が激震の凄さを物語る（ハーバーランド店）

自衛隊機に救援物資を積み込むダイエーのスタッフ

タンクローリーから給水する。神戸市、西宮市、芦屋市などで断水が続いた

食料品からトイレットペーパー、カセットコンロ、カセットボンベへのニーズが刻々と変化

水などの食料品の箱売り

復刊にあたって

２０２５年1月17日あの悲惨な阪神・淡路大震災から30年。

この本は、震災から10年後の２００５年に当時のメタモル出版社から出版されたものであり、震災発生と同時に寝食を忘れて立ち上がった男たちの48時間の話です。

今、何故復刊するのか。それは、今なお起こる地震、また、これからも起こるだろう震災に対して、流通の重要性、流通が真のライフラインであり、それを支える人たちがいるということを知って頂きたいからです。

当時の神戸と淡路島の洲本を中心とした阪神地域を襲った震度7という未曽有の大震災。死者６４００名超・負傷者4万３０００人超、家屋の倒壊は17万８０００棟余り。地震発生と同時に上がった火の手は、数日間猛威を振るった末、辺り一面が焦土と化しました。ビルや家屋の多くは倒壊もしくは崩壊し、高速道路も支柱が折れ、崩れ落ちました。ほとんどの交通機関はマヒし、水道・ガス・電気はもちろん、全てのライフラインが止まりました。

神戸が消えたと言っても過言ではないこの大惨事の中で、ダイエーは政府よりも早く、被災地の人々のために、流通・ライフラインの確保に動きました。それは、単なる一企業の行動というより、被災者を助けるには、流通こそが人々のライフラインであり、それをいち早く復活させなければならないという信念からきたものでありました。

英語にもない「流通」という機能。それは単にモノを仕入れて売る、販売者と消費者という関係ではなく、またボランティア・福祉という言葉でも言い表せない、日本特有の「人・モノ・金・情報・サービス等が複合的に、かつ機能的に活用される社会システムとしての機能＝流通」の重要性を認識していたからに、ほかならないものだと確信しております。

今回、この本を読んで頂き、再度流通とは何か、その重要性、そして被災者を助けようと動いた流通戦士たちの志を感じ取って頂ければ幸いです。

「阪神・淡路大震災から30年」

届けるって やっぱり 流通だね。
水・ガス・電気・食品 そして 人を想う心も！

阪神・淡路大震災　流通戦士の48時間　目次

復刊にあたって　1

I　街の明かりを消したらあかん
地震発生の中で流通を支え続けた男達の48時間　9

プロローグ　11

最も長い一日の始まり……15
セピア色の街　16／震度表示が出ない　19／パパ地震よ！　22
大阪からの電話　25／千葉も揺れた　27／何も知らないまま　30
虫の知らせか　31／出社直前の驚き　33／政府より早い対策本部の設置　35
現地隊長の決定　37／情報を集めろ　40／無残な店舗　44／HOCの激動　48
神戸までどうやって行く　53／輸送手段の確保　54／応援部隊の選定　56

海のルートづくり　57／国・官庁との攻防　59／開店への熱い戦い　62
着陸地はどこだ　67／被災地に降り立つ　71／崩れ落ちたシンボル　73
だめだ、使えない　78／現地対策本部が動き出す　79
すべてはお客様のために　82／東京との情報交換　83
被災者の立場に立って　85／トラックが動けない　87／街に明かりを　88
栄は建ってるで　90

終わらない夜　95

緊急輸送への対応　96／火中の長田へ　100／倒壊した自宅へ　102
不眠不休の開店準備　103／応援部隊の到着　105／川の想い　106

被災地の夜明け　109

長蛇の列　110／物流ルートの安定をめざして　114／湧き上がる力　118
応援部隊が動き出す　120／真のニーズを知る　123／家族に支えられて　126
お盆いっぱいのおにぎり　127／気が付けば歩いていた　130／天国と地獄　133
人形はないんか　135／パトカーの先導　138／もう使えません　139
街の明かりを消したらあかん　141

震災を通して

震災を通して……145

国のバックアップがあったから僕たちは動けた　中内　潤　146
危機をテコにもっともっと生きる　川　一男　149
強く心に残ったお客様の「ありがとう」　岩谷　堯　152
言葉にできないほどの思い出が詰まっている　亀山博光　153
自然に一本の矢になっていた　上高正典　155
徹底して冷静を貫く　竹下晴美　157
すべてを捨てることも必要だ　永田孝司　160
お客さんと泣きながら呑みました　松本博史　163

II　流通と震災　資料編

II　流通と震災　資料編　167

阪神大震災　物流対応ドキュメント　170
阪神・淡路大震災資料　176
スーパー利用者の声　183

地震用語集　186
災害対策基本法の改正概要一覧　188
阪神・淡路大震災発生60日間のライフラインの状況　190
主な災害対策関連法　196

写真提供／流通科学大学ダイエー資料館
編集協力／毎日新聞出版
DTP／マーリンクレイン
構成・文／丁泰丹
装丁／金澤浩二

Ⅰ
街の明かりを消したらあかん
地震発生の中で
流通を支え続けた男達の48時間

◎阪神・淡路大震災の主な被災地域

※数字は1995年末のものを示した。

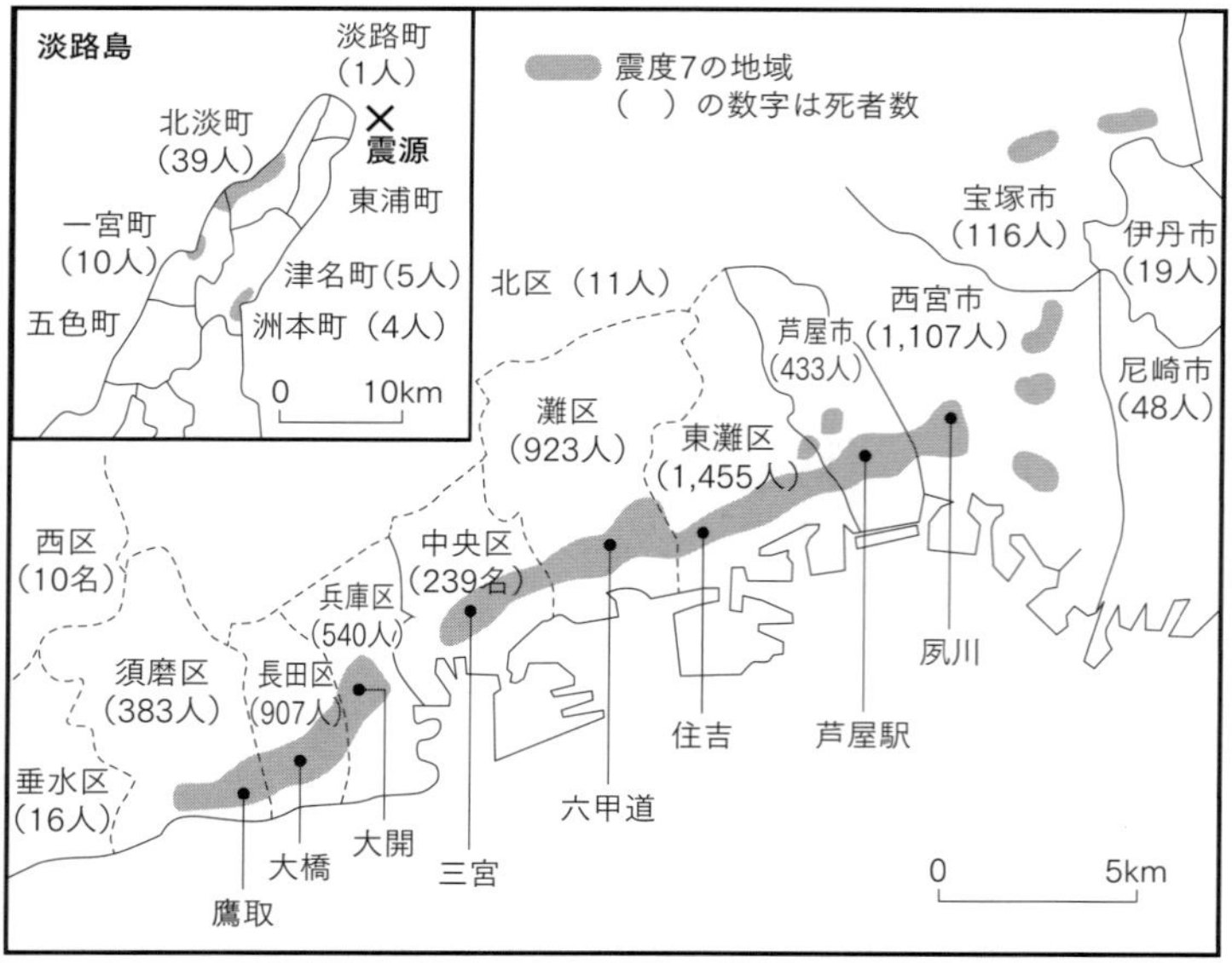

プロローグ

一九九五年一月十六日の夕刻、身を切るような寒さの中、西の空が淡い夕焼けに染まった。夜の帳が下りると、三宮の繁華街はいつものように、仕事帰りのサラリーマンやOL、若者たちを飲み込んで賑わった。バブル崩壊から四年、一時の勢いこそなくなりつつあったが、庶民の多くには自らの生活に対する切羽詰まった危機感はまだ少なかった。一月も半ばを過ぎて少しずつ正月気分が薄れていくこと以外、繁華街のどこを見回しても昨日とは何ひとつ変わった様子はなかった。きっと同じ明日がやってくる。意識して考えなくとも、そこに疑問を抱く者はおそらく誰一人としていなかったに違いない。しかし、同じ明日は来なかった。

翌朝、午前五時四十六分、神戸と淡路島の洲本を中心とした阪神地域を最高震度七という未曾有の大地震が襲った。死者六千四百三十五名、負傷者四万三千七百七十二名、家屋の倒壊は二十五万七千八百九十棟にものぼる。地震発生と同時に市内のあちこちで火の手が上がり、その火は数日間猛威を奮った末、辺り一面を焦土と化した。ビルや家屋の多くは倒壊若しくは崩落し、倒れた電信柱と切れた電線が道を塞いだ。技術の粋を結集して造られたという高速道路も支柱が折れて地上に崩れ落ちた。ほとんどの交通機関はマヒし、あらゆるライフラインが止まった。そこはまるで戦場の様相を呈していた。神戸が消えたといっても過言ではないこの大惨事の中で、ダイエーは政府よりも早く対策本部を設置し、被災地の人々の為に流通の確保に動いた。この物語は、震災発生と同時に寝食を忘れて立ち向かった男たち、その四十八時間のドラマである。

ダイエーは一九五七年（昭和三十二年）九月、大阪市旭区千林に「ダイエー薬局・主婦の店」を開業し、一九五九年（昭和三十四年）四月、後にダイエーのシンボル的存在となる神戸・三宮店（通称十九店）を開業。その後ダイエーは高度経済成長の旗頭的存在となって躍進を続け、震災当時は流通業界に於ける雄としての地位を築き上げていた。当時本社は東京都港区の浜松町にあってＨＯＣ（浜松町オフィスセンター）と称し、中内㓛はＣＥＯ（経営最高責任者）に、中内潤は副社長にあった。

このドキュメンタリーを書くにあたり、私たちは震災当日にＨＯＣ（浜松町オフィスセンター）からヘリで神戸に向かったメンバーを中心にインタビューを行ったが、当時のメンバーたちの多くは現在ダイエーを退職しており、その中の数名には残念ながらコンタクトできなかったことを予め付記しておきたい。十年という年月は人々の記憶を希薄にすると同時に、その衝撃の凄まじさもあったのだろう、各人の記憶に微妙な食い違いや思い出せない部分も所々にあった。そうした状況の下、それぞれの話と当時の記録を一つ一つ組み合わせ、文章化するにあたって最大限の整合性を図った。時系列的に四十八時間をメインに追いながら、時にインタビュー時の声を交えて話を進めたい。

震災当時のダイエー対策本部の主なメンバーならびに現地責任者（ヒヤリング対象者）

中内　潤	副社長	対策本部の全体責任者
川　一男	営業企画本部長（現地対策本部長）	営業の責任者・現地での対策本部責任者
亀山博光	人事本部長	店舗・人事・応援部隊等の人事の責任者
岩谷　堯	SV本部長	店舗指導の責任者・店舗の復興及びその後の営業の責任者
上高正典	フーズライン事業本部長	食料品の仕入れ責任者・震災時の食料品の仕入れ責任者
永田孝司	物流本部物流部長	物流の復興及び商品物流の実務責任者
竹下晴美	物流本部物流課長	物流の復興及び商品物流の実務責任者
松本博史	西神営業本部本部長	兵庫地区店舗の情報把握と店舗の復興に従事

最も長い一日の始まり

セピア色の街

どこかでドーンッという激しい爆発音のようなものがしてカラダが宙を舞う感じがした。まだ半分夢の中を漂いながら目を覚ますと、部屋全体が激しく揺れていた。ガシャガシャガシャンという食器の割れるような音、部屋が潰れるのではないかと思えるほどの軋み音、窓越しに聞こえる「キャーッ」という女性の悲鳴。揺れが収束するのを待って松本博史（当時・兵庫営業本部本部長）は素早くベッドから身を起こし、立ち上がろうと床に足を着いた。そのとき、足の裏に何かが当たった。薄暗い中、ジーッと足下に目を凝らすと割れた食器が辺り一面に散乱し、その一片を踏んでいたのだ。それらを足で払いながら立ち上がり、カーテンを開け窓の外に目を向けた。先程の、まるで地球がどうかなってしまったかのような激しい音と揺れが嘘のように、眼下に広がる街並みは不気味なまでに静まりかえっていた。

山陽電鉄の板宿駅から徒歩十五分の高台にある松本のマンションからは、街全体が一望できた。松本の見る限り、街の様子に特別な変化はなかった。改めて部屋に目をやると、食器棚が飛ばされて倒れ、七十キロを超える体重の松本を乗せたまま、ベッドは窓側から部屋の中央にまで移動していた。部屋の明かりを点けようとしたが既に停電していた。しかし、暮らしに必要な調度品の多くが元から備え付けられていたお陰で、激しい揺れの割に部屋全体の損傷は少なかった。あまりの衝撃に気が動転した松本も、少しずつ冷静さを取り戻していった。

単身赴任だった松本は、まず横浜の自宅に電話した。地震直後は奇跡的に一般電話が通じた。しかし、直ぐに不通になった。まだ就寝中だった妻は早朝の電話に緊張感を漂わせながら電話口に出た。

「どうしたの、こんなに朝早く」

「いま大きな地震があったんや、こっちに。そっちはどうや」

「こっちは何もないわよ。で、大丈夫なの」

松本は大丈夫だと伝えて短い電話を切った。松本の妻はまだテレビを見ておらず、まさか神戸が大変な事態になっていることなど知る由もなかった。

松本は急に店舗や従業員たちのことが心配になった。これだけの揺れがあったのだから、何らかの被害はあるに違いないと考えたが、営業を危うくするほどのダメージを被ったとは考えなかった。とにかく店に行ってみようと思い、とりあえず部屋の中はそのままにして着替えを始めた。

松本がマンションを出たのは午前六時過ぎだった。ドアはとくに問題なく開いた。曇り空のせいか外はまだ薄暗く身を切るような寒さだった。そして、辺りは不思議な静寂に包まれていた。

松本は、オフィスのある板宿店までいつもの道を歩き始めた。小高い丘の上からしばらく坂を下る。周りの家並みに大きな変化はない。少しホッとした気分になったが、それも坂を下り切るまでだった。

坂を下り大通りと交差した角を左へ曲がった。すると、突然松本の目にセピア色の光景が飛び込んできた。

「なんだこれは。一体どうなってしまったんだ」

小学校の塀がすべて道路側に倒れ、その向かいの五階建てマンションも潰れている。その重みで一階の駐車場に停めてあるベンツがグシャッとひしゃげてスクラップのようになっていた。

「ベンツが潰れている」

その様子に目を奪われて立ち止まり、そしてまた歩き始めたが、歩を進めれば進めるほど街の景色はどんどん現実離れした姿へと変わっていった。そのとき、松本の耳に一人の女性の泣き叫ぶ声が響いた。

「子供が死んだ、子供が死んだ」

母親だろうか、半狂乱で家の周りを走り回っている。

「これは本当に大変なことが起きたんじゃないか」

まさに映画の中の出来事のようにしか見えない現実を目の当たりにしながら、松本は動揺する気持ちを抑え、努めて冷静になろうとした。しかし、歩くスピードは明らかにいつもより速くなっていた。

震度表示が出ない

中内潤（当時・副社長）は、いつも通り午前五時半に目を覚ました。ミルクを飲みながら暫くテレビを見ていると、突然、地震速報が流れた。続いて潤の目に、「震度六」という文字が飛び込んできた。

その時、神戸にだけ震度表示がなかった。

「何故?」という思いと、何か、ただならぬ思いが脳裏をよぎった。

「大きな地震みたいやから、早よう会社に行くわ」

家を出た直後に、神戸・ＫＩＳＳ　ＦＭの社長・小樽から自動車電話に連絡が入った。彼は元々刃の秘書を務めていたこともあって、潤とは昔から気心が知れていた。

当時小樽は神戸に単身赴任していた。電話は彼の自宅(新神戸駅付近)からだった。

「大きな地震や!　大変や!」受話器の向こうの声が上ずっていた。

「周りになにが見える?」相手を諭すように落ち着いた声で潤は尋ねた。

「火事や、火の手が見える」

「なんでそんなところが火事なんや」という疑問が一瞬潤の脳裏をよぎったが、小樽の言葉から現地の状況を推測するのに時間は掛からなかった。

「いまなにしてんの?」

「メガネ、メガネを探してる」

このメガネの部分のやり取りを、潤はインタビュー中に苦笑しながら次のように語った。

「人間っておもしろいね。パニックになってるときって、どうでもいいような細かいことを真剣に話すんやね。他の者と話しても誰もがそんな感じやったね」

潤がＨＯＣ（浜松町オフィスセンター）に着いたのは午前六時半より少し前だった。十四階の自分のオフィスではなく、十一階でエレベーターを降り、直接、営業統括本部に向かった。カギが掛かっていたのかいなかったのか定かではないが、潤が叩くように押すとドアはパッと開いた。もちろんまだ誰も出社していなかった。そのまま川（当時・営業企画本部長）のデスクに向かった。すると五分もしないうちに電話が鳴った。東大阪地区を統括する営業本部長の伊藤からだった。

「大きな地震がありました。おそらく電車も全部止まっていると思いますので、線路を歩いて近くの店まで行ってみます」

当時はまだ一般に普及していなかった携帯電話を、ダイエーはいち早く幹部たちに配布していた。その電話からの連絡だった。

「店に着いたら再度電話をくれ。携帯の電源は切るなよ」

そう潤は命じた。震災直後から一般の電話がまったく繋がらなかったからだ。

この後に近畿SM（スーパーマーケット事業本部）の大角からも電話が入ったが、そのとき潤は強い口調で次のように言い放った。

「私に直接電話してくるな。すべて営業本部長の指示を待て。まずは君の管轄の営業本部長をつかまえろ」

このような緊急時に店長一人一人がすべて自分に連絡を取ってきたら収拾のつかないことになる。そう直感した潤は、適切な指示を現地の従業員に与えるためにも、何よりもまず情報の収集を急がなければならないと考えた。

そのとき、息を切るようにオフィスに飛び込んできたのが川だった。

パパ地震よ！

熟睡していた川一男（当時・営業企画本部長）の耳に電話の音が響いた。枕元の目覚まし時計を見るとちょうど午前六時を指していた。川はぼんやりとした頭でサイドボードの電話から受話器を取ると、突然、妻の上ずった声が聞こえた。川の妻は神戸市長田区の自宅に一人住まいし、川は単身赴任で東京の大学に通う息子と二人で港区の三田に住んでいた。

「パパ、地震よ。家が潰れた。地震でもう大変なことに……」そこで電話は切れた。

「もしもし、おい、もしもし」

川の呼び掛けをよそに、受話器からはツーッというビジートーンしか聞こえない。大概のことには動揺しない川も、さすがに頭の中が混乱した。直ぐに電話を掛け直したが既に繋がらなかった。近所に住む妻の両親宅へも電話を掛けてみたが同じだった。次に携帯電話を使ってみたが、やはり掛からなかった。

このとき、十数畳ある長田の自宅の寝室では、部屋のコーナーに置かれた大型テレビが地震の揺れで吹き飛ばされ、川のベッドを真上から直撃していた。もちろん川はそのことをまだ知る由もない。

川の脳裏に不安がよぎった。急いでリビングのテレビをつけると、アナウンサーが、繰り返し神戸を中心とした大地震の発生を伝えていた。その声にはいつもとは違う緊張感が漂っていた。東京発の新幹線も始発から全面ストップしているという。NHKの神戸支局が震災の様子を報道し始めていた。社内に設置されたカメラが写し出した機材の揺れと簡易ベッドから転がり落ちる局員の様子は尋常ではなかった。その映像を目の当たりにして川はカラダが凍った。

「大変なことになった」

川は一瞬にして、神戸の店、そして従業員たちのことで頭がいっぱいになった。神戸の様子がイメージの中でどんどん膨らんでいった。道路は大丈夫か、商品を届けることはできるのか。そのとき、家族のことはもう脳裏から掻き消えていた。こんなことはしていられないと、直ぐに身支度を整え三田のマンションを飛び出した。時刻は午前六時十五分過ぎだった。

タクシーに乗り込むと、すぐに酒井(当時・販売統括副本部長)に電話を入れた。

「おい、神戸で大きな地震があったぞ。君、知ってるか」

「いえ知りませんが……。そんなことがあったんですか」

「とにかく大変なことになりそうだから、至急対策を立てなきゃならん」

「わかりました、関係者に連絡を取った後、私もすぐに社に向かいます」

酒井は頭の回転の速い男だった。川からの短い電話で、次に何をするかはすべて解っていた。

大阪からの電話

竹下晴美（当時・物流本部物流課長）もまた電話で目を覚ました。連絡をよこしたのは大阪の交野市に住むダイエー・ロジスティックスの専務・藤田だった。

「大きな地震があったんです。いまです。京都が震源のようですよ」

藤田から電話があった時間を竹下は午前五時四十六分だったとインタビューで答えた。五時四十六分といえば、震災の発生した時間である。竹下が確認した時計の誤差もあったのかもしれないが、いずれにしても藤田からの連絡が驚異的な早さで竹下に届いたことには違いない。

ダイエーでは震災時の緊急対応法が明確に決まっていた。まず、第一報をどのように行うか、各部の責任者、並びに関連会社のトップたちはすべて理解していた。かつて経験した十勝沖地震や雲仙普賢岳の噴火による災害など、いくつかの貴重な体験が災害対策マニュアルの内容を充実させていた。藤田からの電話もその一環で特別のことではなかった。

藤田からの一報を受けて竹下はすぐに長岡（当時・物流本部本部長）に電話した。藤田から聞いた内容を整理して、関西で大きな地震があったから大至急ＨＯＣへ向かってほしいと短く伝えた。竹下の自宅は千葉県の八千代市で、長岡は浦安に住んでいた。竹下は会社に着くまでに一時間を超えるが、長岡なら自分より三十分は早く着く。竹下はそう考えたのだ。長岡はそんな部下の心の内を短い会話の中で理解していた。

「分かった、すぐに行く」

力強い声だった。

竹下も急いだ。自宅を飛び出したのは午前六時十分過ぎだった。気が付けばテレビを見ることも忘れていた。

竹下は焦っていた。藤田の話から、今度の地震の規模がこれまでダイエーが経験したものをはるかに超えていると感じたからである。時間的にいつもよりやや通勤客の少ない電車の中で、竹下は携帯ラジオのイヤホンから流れてくる震災のニュースに意識を集中させた。会社に着くまでの時間、竹下は普段から情報収集を兼ねてラジオを聞いていた。それが思わぬかたちで役に立ったのだ。伝えられる現地の状況は短時間にどんどん変わっていったが、その内容は悪化するばかりだった。東京に近づくにつれて、乗り込んでくる通勤客たちの表情がいつもと微妙に違うのを竹下は感じ取っていた。竹下はラジオからもたらされる情報を自分なりに整理し、打つべき手を考えた。いつもより長くもあり、また短くも感じた会社までの時間だった。

会社に着いた竹下は、まず九階の物流本部のオフィスに向かった。竹下よりも先に出社していた部下が、十一階に役員たちが集まっていると竹下に伝えた。竹下は十一階への階段を駆け上がりながら、これから始まるであろう大きな仕事にいつもとは違う緊張感を覚えていた。

千葉も揺れた

「不思議なんですが揺れたんですよ。僕はその揺れで目が覚めたんです。あっ、揺れてるなと思って起きたんです」

インタビューで永田孝司（当時・物流本部物流部長）はそう答えた。確かに阪神・淡路大震災は関西を中心に広域に亘る揺れをもたらした。永田の自宅は千葉県の印西市にあったが、確かにその時間に震度一の揺れがあったことを防災白書も明記している。

ダイエーでは、震度四以上の地震があった場合、電話回線が不通になる前に決められた関係者にそれぞれが電話連絡を入れて確認を取り合うことが義務づけられていた。永田は起き上がるとすぐに居間にあるテレビをつけた。神戸で震災が発生した時間から数分しか経っていなかった。

「えっ、なんやこれは」

我が目を疑うような情報がブラウン管に映し出されている。アナウンサーの繰り返すコメントにもいつもとは違う緊張感が漂っているように感じた。脳が急速に覚醒し、ぼやけていた目の焦点がどんどん合ってくるようだった。東京やその周辺に住む人間にとって、地震には慣れのような感覚があり、震度四程度の揺れで大騒ぎすることはほとんどなかった。しかし、ブラウン管には永田がこれまでまったく経験したこともない震度五や六という数字が並んでいた。

「こらあかん」

永田は大急ぎで妻を起こした。

「関西の方で大きな地震があったんや。ひょっとしたら今日は帰られへんかもしれん」

それだけ言うと部下たちに連絡を入れ、いま直ぐ全員出社するように命じた。大急ぎで着替えを済ませ、朝食も取らずに家を飛び出した、そのときの時刻は午前六時を少し回ったばかりだった。

通勤電車の中、いつもとは違う緊張感の中で、永田もまた竹下同様携帯ラジオから流れてくる震災の情報に意識を集中させた。自宅のテレビで最初に目に飛び込んできたのは奈良の震度だったが、ラジオのニュースを聞きながら神戸が大変な状況になっていることを知った。

「神戸が震度六……」

神戸は、創始者・中内㓛の生誕の地ということの他に、大阪の千林商店街の小さな個人商店から新生ダイエーとして本格的にスタートしたダイエーイズムの発祥の地である。永田たちダイエーマンの言わば聖地であり、ダイエーを象徴する場所なのだ。その神戸がかつてない規模の大震災の直中にある。永田の耳に次々と飛び込んでくる情報が、大きな恐怖となって広がっていった。しかし、その一方で永田は冷静に情報を分析することを忘れなかった。釧路や雲仙での災害を思い出しながら、次に打つべき対策をイメージした。永田がHOCに着いたのは竹下と相前後する午前七時半頃だった。彼は真っ先に十一階に向かった。

家を出て会社に着くまで、ラジオのニュースを聞いていたこと以外、道中のことを永田は何も覚えていなかった。永田の実家は兵庫県の明石にあったが、自分の家族の安否すら暫く頭をよぎらなかったという。永田が明石の家族の無事を確認するのは、その後ヘリで神戸に向かう途中、三重県の長島温泉で給油のために一時着陸したとき、携帯電話を通じて竹下から聞いたのが初めてだった。

何も知らないまま

上高正典（当時・フーズライン事業本部長）は、千葉県佐倉市の自宅でいつも通りの午前五時に目を覚ました。キッチンでは妻が朝食の支度をしており、テレビもついていた。普段と何も変わらない朝の光景だった。おにぎりとみそ汁の軽い朝食を取り、午前五時半に自宅を出た。上高の場合、この時間に家を出ないと朝の会議に間に合わない。

上高は、途中の東京駅で関西方面で大きな地震があったという駅のアナウンスを聞いていた。そのため西へ向かう新幹線が止まっていることを知り、少し気は急いたが、その日の内に目の当たりにする大惨事を予想することはなかった。午前七時二十分に会社に着くと、まず十階の自分のオフィスに向かった。上高はここで改めて震災のことを知る。部下の話しぶりでは、神戸にかなり大きな地震が発生して、その対策を講じるために十一階に役員たちが集まっているという。驚いた上高は急いで十一階へ向かった。

虫の知らせか

いつもは決まって午前六時に起きるのだが、その日の朝に限って岩谷堯(当時・SV本部長)は五時半に目を覚ました。いつも通りに洗面を終えて居間に行くと、妻は既に食事の準備に取り掛かっていた。

岩谷がテレビをつけたのは地震が発生した直後だった。彼の記憶では五時四十七分だと言う。岩谷はテレビをつけたと同時に居間の時計で時刻を確認していたらしい。ブラウン管にはすぐに地震速報が流れ、間もなく地震一色の報道に変わった。その様子を眺めながら、そこに現れる震度の数字に度肝を抜かれた。

「おーい、関西の方でえらい大きな地震や言うとるで」

大声でキッチンの妻に呼び掛けると、妻は千里で一人住まいの岩谷の母に直ぐに電話するように促した。岩谷は急いで受話器を取った。幸運にも電話は繋がり、母親が電話口に出てきた。

「もしもし、大丈夫か」

「もう大変な地震やったわ。大地震や。えらい揺れて凄かったわ。家ん中はもうグジャグジャになってるけど、私のカラダはなんとか大丈夫やから」

「カラダが無事でよかったわ。家ん中はゆっくり直したらええからな」

まずは母親の無事を確認できたことで岩谷はホッとした。その後、二言三言やり取りして電話を切ったが、時刻が午前六時を過ぎた頃にニュースが震度七を告げると、

「こんなに大きな地震なんか、こらあかんで」

と改めて心配が募り再度母親宅へ電話した。しかし、その時刻にはもう既に電話は繋がらなくなっていた。

朝食もほどほどに岩谷が長津田（横浜市緑区）の自宅を出た時刻は午前六時十五分過ぎだった。妻には実家の母に何度も連絡を取るように言った。約一時間十五分程で浜松町のＨＯＣに着くが、その間、岩谷もまた竹下や永田同様、携帯ラジオで震災の状況を逐一確認していた。

出社直前の驚き

亀山博光（当時・人事本部長）は、いつもの時間・午前六時少し前に起床した。亀山は北海道からの単身赴任で、一人港区三田のマンションに住んでいた。テレビをつけるのがやや遅れたこともあり、地震を知ったのは出掛ける直前だった。大きな地震ということが分かり急いで会社に向かった。マンションを出たのは午前七時前。会社に着いたのは午前七時十分頃だった。亀山はまず十三階の人事部に向かったが、他の従業員はまだ誰も出社していなかった。

この後彼は対策本部へと向かうのであるが、インタビューを通して取材対象者たちの多くが記憶のほころびから思い違いを起こす部分があった。各人への取材を通して得た情報をパズルのように組み合わせて初めて見えたことも少なくなかったが、対策本部の設置場所もその一つだった。

亀山はこの後十四階に向かい、そこにある潤のブースで彼と会ったと話した。しかし、潤はその日の出社以来、少なくとも丸二日は一度も十四階には行かなかったと言った。川もまた十四階に当日の朝行ったと話した。しかし、潤自身が十四階に行っていないと明言していることから、いかにこの震災が彼らを混乱に陥れる大事件だったかが窺える。

亀山が自分のオフィスに入ると直ぐに電話が掛かってきた。その相手は神戸の松本(当時・西神営業本部本部長)だったという。しかし、松本がＨＯＣに電話したのは午前九時から十時の間だったと話している。しかも、松本は話した相手を岩谷として記憶しているが、そのことを岩谷に確認してみたが確証は得られなかった。

出社後、亀山は玏と十四階で会ったと言った。しかし、玏は出張のため一旦羽田に向かい、ＨＯＣに入ったのは午前九時を過ぎてからである。人事本部長として玏とその日最も多くの時間を過ごしたことが彼の記憶を更に混乱させたのかもしれない。

政府より早い対策本部の設置

潤が川と目を合わせた。その瞬間こそが対策本部のスタートだった。その時刻、午前六時半。この震災に対するすべての機能が、まさにこの瞬間に動き出した。政府の災害対策本部設置よりも三時間早いと言われる所以がここにある。

インタビューで対策本部の設置時刻を各人に確認したが、誰一人として正確な時刻の記憶がなかった。しかし一方で、誰もが七時前にはできていたと答えた。

その伏線として、釧路沖地震（一九九三年一月十五日）や奥尻島地震（一九九三年七月十二日）があった。そのとき、潤が対策本部の責任者となり全指示を出した経緯がある。それ以来、緊急時にどのように動くかという一つのカタチがシステムとして社員に深く浸透していた。つまり、彼らにとって、潤の出社した時間がイコール対策本部の発足だったのだ。彼らには誰かの宣言によって対策本部が生まれるといった発想などはなく、災害発生と同時に対策本部ができること自体が当たり前だったのだ。

潤と川、川以下の各役員たちとの間に形式ばった確認は不要だった。

「さあ、対策を打とう」

潤の一声に川は無言で頷いた。川は潤よりもはるかに年上だが、中内㓛イズムを継承する川にとって、潤の声は㓛の声そのものだった。その思いを川が語った。

我が社には『すべてはお客様のために』、『地域のお客様に喜ばれる店をつくろう』という歴史を積み上げた企業理念があるんです。こういう緊急時の対策というものは、そういった確固たる理念に基づいて進められるわけであって、突然の思いつきで生まれるなんてものじゃないんですよ。『お客様に喜ばれるダイエーになる』という経営理念があるわけですから、地震が起ころうが火事が起ころうが何があろうが、われわれの店が地域の生活者に貢献するのは当然のことなんです。ですから、私と潤さんが先頭に立って動くのは当たり前じゃないですか」

二人が打ち合わせを始めて間もなく、次々と対策本部に各部のトップが集まってきた。その多くは、今回の地震がかつてない規模であることを認識していた。そして、自らの聖地とも言うべき神戸が被害の中心であることも十二分に理解していた。それだけに各人の面持ちは緊張感に満ちていた。

対策本部の主要メンバーは、各部の本部長たちで構成されていたが、副本部長や課長クラスも上司の指示、或いは各自の判断に従って十一階に集まってきた。午前七時半までにはほとんど全員が顔を揃えた。また、その日の朝は他の社員の多くも出社が早かった。

現地隊長の決定

営業企画本部には、各テレビ局の放送をすべて受信できる台数のモニターが設置されていた。対策本部では、そのモニターを通してオンエアされるすべての情報をチェックし始めた。午前七時を過ぎる頃には、生々しい神戸の様子がブラウン管に鮮明な映像で映し出されるようになった。

空からのカメラが、市内各地で立ち上る煙や、橋脚が折れて横倒しになった高速道路を、路上のハンディカメラは崩落したビルや茫然自失の人々を克明に映し出した。潤以下、戦争体験のない者たちが組織の中枢を占める中、テレビから伝えられる映像は彼らに未体験の恐怖を与えたが、同時に現実感に欠ける奇妙な感覚も伴わせた。

時間の経過と共に、現地の本部長クラスたちと徐々に連絡が取れるようになった。この時点で、東近畿、並びに近畿ストアマネージャー・部長・本部長たちの生存と行動スケジュールを確認できた。しかし、数名の部長クラスの安否が摑めなかった。そんな中、東京から兵庫営業本部の本部長として単身赴任していた松本が亡くなったという噂が流れた。

潤は、まずＨＯＣにあるすべての携帯電話を集めるよう指示した。当時、携帯電話はまだ一般に普及しておらず、ビジネスマンで日常的に使用している者も極めて少なかった。しかし、ダイエーは会社で用意した携帯電話を本部長クラスには普段から持ち歩かせていた。一般の電話回線がダメージを受けたとき、携帯電話は命の綱になると潤は早い段階から考えていたのだ。社内にあるだけの携帯電話を対策本部に集め、これから現地に向かう者の一人でも多くに手渡そうとした。

次に潤は、これから直ぐに神戸へ向かうことを決めた。何はともあれ、現場に入らなければ正確な情報は得られない、何もできないと考えたのだ。また、神戸に向かうメンバーは現地で的確に意思決定できる人材でなければならないとも考えた。そのため、先遣隊は対策本部を構成する役員たちにした。しかし、この第一陣派遣メンバーの決定は潤の一存というよりも、むしろ対策本部の役員全員が自ら現地に行くことを望んだと言った方が正しい。岩谷の発言からもそのことがよく分かる。

「関西に向かえと潤さんが言ったわけですけど、そういうこととは無関係に、自ら行かなければと考えた人間がものすごく多かったんです。災害地に行くわけですから大変な仕事が待っているわけでしょう。それでも行きたいと言った。応援部隊としてバスに乗った人たちもそうだしね。私自身、大変感心したという記憶がありますね」

潤は現地対策本部の隊長として川を任命し、潤自身はHOC対策本部を統括することにした。このとき、現地対策本部の場所は、ダイエーの経営する新神戸オリエンタルホテル内に設置するとした。ホテルには緊急時の電話回線があり、ロケーション的にも行動しやすいと考えたからだ。

出張を取りやめて羽田から中内切がHOCに戻ったのは午前九時過ぎだった。潤は

ＣＥＯの帰社を秘書からの連絡で知った。

「社長の秘書室から僕のところに電話が入ったのは、もうかなり体制を固めた後だったと思いますね。物流の緊急物資を積んだトラックがたぶんもうセンターを出ていたと思うんですよ。なぜあのとき僕が社長と特別に話をしなかったかというとですね、前にね、釧路の地震や奥尻島地震のときに、社長の命令で僕がすべて指示を出したんですよね。そのときの実績をひとつは社長も認めてくれていたんじゃないかな。もちろん側近の者が現状の報告をしてましたから、社長もいろいろ配慮して僕に直接説明を求めなかったんだと思いますよ。僕はもう大変でしたからね」

その日、潤は結局切と話す時間は持てなかった。

情報を集めろ

営業企画本部のオフィスは、約千坪近いフロア面積があった。そのフロアの一部に設けられた川のブース前に次々と白板が並べられていった。

潤が出社して以来、あらゆる問い合わせが酒井（当時・販売統括副本部長）を通じて潤の元に寄せられた。それにいちいち対応しきれなくなった潤が、思い余って考えついたのだ。しかし、これが大きく功を奏した。この白板は最終的に二十枚を超えるまでに増えたが、そこには現地に於ける各店舗の被害状況が次々と書き込まれていった。ＨＯＣに寄せられたすべての情報がこの白板に集約されたのだ。ただ報告が来るのは、大阪と兵庫西部地域だけで、阪神間とはその後連絡が取れなくなったままだった。そんな中、川はできることのすべてをやろうとしていた。

「もう連絡が取れるところは全部取りました。市から県からみんな電話させたんですよ。私がサンテレビの役員を兼任していた当時ですから、サンテレビのメンバーからも逐次情報を貰えるようにしてね。そこの役員には、神戸市、神戸新聞、県のメンバーが入っていまして、私のチャンネルで本来ならコンタクトが容易に取れるはずだったんです。ところが、電話がまったく繋がらない状態でしょう。そういうこともあって、確か日本電気だったかな、日本電気の衛星回線をすぐ引こうとしたんです。

テレビはね、営業企画では普段から一日中つけているんです。各局でオンエアされるコマーシャルや関連情報をチェックするためにね。音声を消して全員が見られるように並べてあったんです。それを震災の情報収集としてフル活用しました。専任の担当を付けましてね。

店舗名と電話番号をすべて白板に貼って、三人ぐらいで全店舗の店長に電話を入れさせて、とにかく状況把握に努めたんです」

更に川の頭の中を巡っていたものは、道路が壊れていたらどうするか、神戸の街の中にどうやって荷物を運び込むか、船やヘリが必要ではないか、ヘリはどこに着陸できるのか、運輸省の認可はどうなるのか、荷物をどこに集約するか、どういう機能を使ってやるか、というものだった。

午前中に寄せられた情報は次のようなものだった。

神戸ＤＣ（ディストリビューションセンター）の二階にあるラックが全壊し商品が散乱。渡り廊下の落下。一棟亀裂。センター周辺は液状化現象を起こしている。

ポートアイランドのディストリビューションセンターは、液状化により地盤沈下約八十センチ。神戸大橋は通行止めになっている。

魚崎ディストリビューションセンターは、センター周辺が液状化。商品の約四十パーセントが落下している。

深江ディストリビューションセンターは、建屋に歪みが発生。屋外に積載していた台車の崩れが発生。また屋内のラックが多数倒れている、というものだった。

そのときの様子を酒井はこう語った。

「全員が大変な事態だと青ざめていったんですよ」

確かに寄せられる情報はまだまだ不完全ではあったが、白板に書き込まれた情報は誰が見ても現地の状況が一目で分かり、すべての社員が次の行動をとりやすくなった。潤もまた自分の仕事に集中できた。

潤は次々に指示を出していった。ただ、緊急時に於ける基本的な対応はマニュアルとして用意されており、物流部を筆頭に準備すべきものは各部の責任者が既に手配済みだった。ただ、今回の地震はこれまで体験した規模を大きく超えており、必ずしもすべてがマニュアル通りには行かなかった。ここから潤の国や行政との激しいやり取りが始まることになる。

無残な店舗

　松本は、兵庫営業本部の置かれているダイエー板宿店の前にいた。注意深く店舗全体を見回したが、外から見る限り大きな損傷はないように映った。そのとき背後で従業員の呼び掛ける声がした。既に十名ほどの従業員が出社していたらしく、店舗の中や周囲を点検していた。どの顔にも不安感が滲んでいた。

「中に入るのは無理みたいですよ」

「どうなってるの？」

「店内が水浸しなんです」

「水浸しって？」

「屋上の給水タンクが壊れたんじゃないですかね。上から水が落ちて一階がもうビショビショですわ。こらとても開店できそうもありませんね」

「給水タンクの漏れを誰か止められないのか？」

　松本が従業員たちに尋ねたが、それは無理な注文だった。実はこの作業はビルメンテナンスの専門家でないとできない。そのことを従業員から教えられた。いまできることは、給水タンクが空になるのを待つしかない。この状況で、直ぐにメンテナンスの会社が動けるとも思えなかった。

松本はとりあえず中に入ってみることにした。入り口のドアを開けて恐る恐る店内を覗き込むと、確かに一階は水浸しになっていた。しかも、陳列棚が倒れ商品も激しく飛び散っていた。二階から上も同じだった。電気の止まった店内を慎重にチェックしながら、地下の食品売り場へ降りてみた。するとそこは、まるでプールのように数十センチもの水溜まりになっていた。

一度店の外に出た松本は緊急時の行動マニュアルに従って総務部長宅に携帯から連絡を入れた。しかし、彼は既に出社したと電話に出た奥さんが不安そうに話した。

松本をはじめとしてダイエーの役職クラスは、全員が緊急連絡ルートの記された手帳を持っており、そこには連絡すべき相手と、自宅、携帯を含めた電話番号が明記されていた。

松本は他のスタッフにも連絡を取ろうとしたが、急に携帯電話が不通になった。そのため、近くの公衆電話を探した。直ぐに見つかったが、どの公衆電話の前にも長蛇の列ができていた。あちこち歩き回る内に列のできていない公衆電話を発見した。「しめた」、と思って小銭を入れようとしたが、なぜか小銭が入らない。最初は壊れているのかなと思ったが、そうではなかった。既に電話機の中の小銭が入るボックスが満杯になっていたのだ。

このとき、松本は少々恐ろしい経験をしたと言った。

「公衆電話を探しているときに、実は私、手に携帯電話を持ったままだったんです。もうどこも公衆電話の前は長蛇の列やないですか。私の携帯を見つけた人が、それを貸せって言うんですよ。みんな電話待たされてイライラしてるでしょ。早よ連絡したかったんでしょうね。そらもう目が血走ってましたからね、さすがに怖くなったんですよ……」

身の危険を感じて店に戻ったが、三十分程で再び携帯が通じるようになった。そこから松本は、自分の管轄するエリア（名谷店・湊川店・芦屋店・西神中央店・神戸学園店・鈴蘭台店・藤原台店）の各店長に次々と連絡を入れた。まず各店長の自宅に連絡を入れ、どうしても連絡がつかない場合は次に課長へという段取りで進めた。まず彼らに確認したことは、怪我はないかということ、いまどこにいるかということ、店に着いている者には店の状況はどうかということ。そして、彼らへの指示は、まず出社しろということだった。すべて紋切り型の極めて短いやり取りだったと言う。

湊川店は店舗ビル自体が大きく傾き、開店できるどころか倒壊の危険すらあることが分かった。芦屋店は火曜・水曜と年度末の調整連休で、店長以下従業員の多くは神鍋高原（兵庫県城崎郡日高町）へスキー旅行に出掛けていた。松本はスキー場の芦屋店の店長に連絡し、直ぐに戻るよう指示した。彼は既にその準備をしているところだった。その後、彼の自宅に電話を入れ、奥さんにご主人の無事を伝えた。藤原台店の店長は、ちょうどマイカーで奈良からの出勤途中だったが、道が大渋滞になっており何時に着くか判らないとのことだった。神戸学園店の店長は、自宅のガレージが倒壊して車が使えなくなったため、簡単に片づけ終えたら直ぐに店に向かうと言った。

この後、松本はHOCに連絡を入れた。彼の記憶する時刻は九時から十時の間となっている。松本は営業の統括本部に電話を入れたつもりだったが、電話に出たのはSV本部長の岩谷だったと言う。しかし、岩谷には当日松本と話した記憶がない。人事本部長の亀山が松本から連絡を受けたと言ったが、こちらは双方の電話で話した時間に大きなズレがある。松本は当時の状況を次のように話している。

「あのときの営業本部を統括する統括本部長は誰だったですかね。もうひとつ覚えが……。その方に電話するつもりでしたから。で、電話してそこに出られたのが岩谷さんだったという印象が強いんですよ。これも確証があるわけじゃないんですよね。で、その後に確か川さんと話をしましたね」

松本が本社に伝えた内容は、統括する店舗の被害状況、各店責任者が店舗に向かっている、或いはもう到着しているといったことが主で、それ以上の細かい話はしなかった、というよりできなかった。いずれにせよ、松本がＨＯＣに連絡を入れたことで、それまで対策本部内で死んだことになっていた彼の噂は図らずも消えた。

ＨＯＣの激動

中内潤の側でずっとサポートしていたのは酒井と竹下だった。潤は直接、或いは酒井を通じて各部の責任者に指示を出した。川もまた対策本部の副隊長として潤と共に各担当者に指示を出していたが、川には地震に対する明確な考え方があった。

「インフラがすべてダメになるっていうことが地震なんです。もちろんマニュアルはありますよ。しかし、マニュアル通りにはいかないということを知っておかなきゃならん。その中で、いかに正しい情報を集めるか、そしてその情報を分析して、そこからいかに生きた指示が出せるか、それが本当のマネジメントなんです」

例えばですね、と言って川は続けた。

「水を運ぶためにタンクローリーが絶対的に必要になりますね。そのタンクローリーをどうやって手配するか。こういうときには、取引先の森永さんや明治さんにできるだけ協力してもらうことを考えなきゃいけない。タンクローリーを持っている全社にお願いする。また、被災地周辺のパン工場さんのキャパを考える。どれくらいパンを焼く能力があるのか。通常とは違う仕事をしてもらうことになりますからね。こういうことは、直ぐにパッと計算できていなければならないし、うちの者たちはまたそういうことができるんですよ」

●商品本部には、地震対策商品リストに基づいた商品を手配させた。潤は、今回の地震はこれまでの規模とはまったく違うと判断し、水をはじめ、ガス・水道・電気といったインフラが寸断された状況下で最も人々の役に立つ商品の確保を指示。

●物流本部には、トラック、タンクローリー、フェリー、関西以外の地域から応援に向かう人員を乗せるバス、停泊するのに定められた港を必要としない漁船、東京から神戸に向かうためのヘリの確保に加え、神戸DC（ディストリビューションセンター）、RDC（リージョナル・ディストリビューションセンター）の状況確認を急がせた。また、被災地とその周辺の道路状況、フェリーポートの情報収集をできるだけ早く行うよう指示。

●システム推進本部には、茨木ディストリビューションセンターの状況確認、並びに被災地エリアに於けるPOS状況の把握を指示。

●販売統括本部には、各事業担当にグループ各社の状況把握を何よりも優先して行うよう指示。

●ＳＶ本部には、被災地に救援隊として送り込む各地のスーパーバイザーの確保と人選を人事部と共同して速やかに進めるよう指示。

●総務本部には、衛星電話の設置を指示。

衛星電話に関しては川同様、潤もまた、確実な連絡手段を確保するために不可欠と考えていた。タイミングよくその頃総務部が衛星通信の導入を進めていた時期でもあり、それがこの災害時にうまい具合に活かされた。

潤が自ら発した初期動作について語った。

「釧路がやられたときは大変だったですからね。なにしろ遠かったから。当時札幌のセンターは小さかったんです。だから、いろんな店で商品を積み込んで行かせたんです。奥尻島のときも同じでしたね。また普賢岳のときは、福岡のセンターから出したりしました。神戸のときはそれまでの震災の規模とはまったく違いましたからね。神戸各地のセンターがほぼ壊滅状態だったので、福岡と東京、千葉の八千代からトラックを出させたんです。とにかくいろんな意味で、過去のそういった経験が今回の初期動作に大きく活きたのは事実ですね」

これらの指示を受けて各部のスタッフは一斉に動き出したが、当時の様子を竹下は次のように振り返った。

「正直言って、潤さんなり、川さんの判断がすごく早かった。しかも、私たち部下を信じて任せてくれたということがすごく大きいと思います。朝、地震の情報を知ってからの私たちの動きは、どこよりも早かったですからね。国よりも早かったんです。だからヘリやフェリーといったものの確保がとてもスムーズにいったんだと思いますよ。例えば、あと一時間動くのが遅かったら、もっといろんなことが困難になっていたんじゃないでしょうか。現に、ヘリの会社も、私たちの動きを見て驚いていましたからね」

岩谷もまた同様のことを述べている。

「僕はね、各部門のトップ間のコミュニケーションが非常によかったと思うんですね。各々がやるべき仕事をきちっと理解していましたしね。あれだけの大災害の中で、僕らとしてはほぼ完璧にチームワークを発揮できたと思うんですが、まあこれは、潤さんの役割が大きかったと思いますよ。こういう動きっていうのは、普段から訓練されていなかったらできない。団子みたいになってしまいますよ。各部門間の壁のようなものも全然なかったしね。みんなテレビを見ながら、こりゃえらいこっちゃと……。そのときにね、それぞれの責任者が上からの指示以前に、道路の状況確認とか、トラックやフェリーの手配といったことをパッパッパッとやるわけですよ。当たり前のように見えて、本番で直ぐそれができるっちゅうのは、やはり凄いことやと思いますよ」

神戸までどうやって行く

永田は竹下に自分の部下をすべて委ね、自らはヘリの確保に全力を挙げた。初めからヘリで神戸に向かうという話があったのではなく、当初、潤はとにかくいまから直ぐ神戸に向かう方法を考えていたのだ。そのとき誰かが、

「関空までのチケットが取れます」という話をした。

それに対して潤が、

「関空から神戸までどうやって行くんや」と質問したのが始まりだった。

潤の言葉を聞いて永田の脳裏に閃くものがあった。震災の前年、ダイエーのグループ企業であるローソンが災害緊急時用としてヘリの契約をしていた。そのテストフライトに上司の長岡と共に参加し、永田は実際に試乗していたのだ。そこで、ヘリが準備できるかもしれないと潤に告げ、早速、契約先のエースヘリに連絡を入れた。永田はこのとき、あまりの緊急要請にエースは応えられないだろうと思っていた。しかし、電話で事情を聞いたエースの社長は二つ返事で二機のヘリを提供すると言った。このときの時刻は午前八時を過ぎたところだったが、わずか二時間半程で永田たちは木場のヘリポートから乗り込むことになる。普通では考えられない超迅速な対応だった。

輸送手段の確保

一方竹下は応援部隊の派遣が決まったことで、彼らを大阪の桃山台にあるスーパー大学へ乗せていくバスの手配を急いだ。これもまた対応が早かったことで国際興業より八台を確保することができた。このときＦＯＣ（福岡オフィスセンター）でも同様の準備を進めていた。この後、更に陸海空から商品を輸送するための準備に取りかかった。竹下は言う。

「まず人を運ぶ手段を講じまして……。次には物がいりますので、物を運ぶ手段ですね。これはもう通常の輸送形態ではどうにもならないわけですよ。ただトラックに積み込んで運ぶというようなね。そこで緊急分の物資はやはりヘリで運ぶことを考えたわけです。ですから当然ヘリの追加確保ですね。それから後はトラックを東と西から向かわせる。しかも、神戸に入るルートをトラックごとに変えたんです。道路の状況がどうなってるか全然分かりませんでしたからね。それと船ですね。またドライバーには全員に携帯を持たせろということにしまして、とにかく陸海空すべての輸送手段を考えました」

上高は、商品を供給する立場から、茨木の食品配送センターの稼働状況が最も気になった。神戸側が潰れていても茨木が動いていれば、最悪どうにかできるという考えがあったのだ。そのためにも、永田、竹下と連携して現地の道路状況をいち早く知ることに努めた。

応援部隊の選定

岩谷は亀山と連携して、被災地の各店舗へ送り込む人員の確保に力を入れた。岩谷はSV本部のスタッフをすべて人事に預けた。自らが関与するより窓口を一本にした方がスムーズに進むと考えたからだった。亀山は課長の矢島に指示し、北海道から九州に至る店舗、関連各社から応援人員を選抜させた。バスの手配は物流本部と連携し、直ぐに宿泊場所の確保に向かった。その他、従業員とその家族の安否の確認、パートタイマーの処遇、崩壊した寮への対応、見舞金と募金、地区労組との交渉等、この日から長い戦いが始まった。

人事より選抜された社員にとっては、まさに青天の霹靂だった。朝会社に来て、いきなり大阪へ行けと命じられたわけで、全員が何の準備もしていなかったことは言うまでもない。しかし、彼らの口からは少しの不満も出なかった。むしろ使命感に燃えていた者が多かったという。東京からは二百七十名、福岡からは二百五十名がその日の内に現地へ向かった。

海のルートづくり

潤は官庁関係にも強いコネクションがあった。それをフル活用して対策に臨んだ。道路状況の確実な把握が困難な中、最悪のケースを想定して東京と九州からのフェリーによる物資の供給ルートを確保しようと考えた。それに力を貸してくれたのが当時、運輸省港湾局長だった栢原英郎である。

「もしも震災の被害が大きく、道路がまともに使えなかったら海から物資を運ぶことも考えなければなりません。どこの港が使えるか教えてください」

潤の申し出に、栢原はできる限りの情報を提供し、流通ルートの確保に助力を惜しまなかった。栢原は潤に、日本船主協会の理事長・増田を紹介すると同時に、名門大洋フェリーの優先使用権を確保したと伝えてきた。

インタビューでは、新門司港を出たフェリーは十七日の深夜に大阪の南港に到着したことになっている。しかし、名門大洋フェリーの当時のダイヤを調べると、震災当日に出航したのは二便でいずれも夕方発だった。新門司港から南港までは約十二時間を要する。到着は朝の六時と八時である。深夜に到着したフェリーは、名門大洋フェリーに限ってはないということになる。フェリー会社が違うのか、それとも到着時刻に記憶違いがあるのか、残念ながら、関連資料やインタビューから、この件に関する確かな記録を見つけ出すことはできなかった。しかし、当時は名門大洋フェリー以外に、栢原から依頼を受けた新日本海フェリーが中心となって幾つかのフェリー会社に割り振って手配していた経緯があり、その中の一隻が南港に着いた事実だけは間違いないと考えられる。

船舶会社がいずれかは別にして、十七日或いは十八日の深夜に、大阪の南港に着く便があった。ここでは、他の経緯との関係から最初のフェリーは十八日深夜に南港に着いたと理解して話を進める。潤は竹下に、この船に非常用の物資を積んだトラックを乗船させるよう命じた。

準備に追われたトラックはフェリーの出航時間を過ぎて予定の港に着いた。しかし、船会社側は、十トントラック六台分とタンクローリーのスペースを予め空け、異例の対応で遅れたトラックを待ってくれていた。それを聞いて、潤や竹下の胸が熱くなったと言う。

潤はこの後、日本船主協会の増田理事長に直接電話を入れ、これから先、神戸・大阪へ向かうフェリーの優先使用を依頼し快諾を得た。

潤は引き続き、港が使えない場合を想定したやり取りを農林水産省の課長・太田と交わした。通常の船舶は国の指定した港に接岸しなければならない。つまり、港が壊れていたら船は横付けできなくなるのだ。潤の懸念を理解した太田は、四国の漁連に話を通して、緊急事態が発生した場合に漁船が使えるよう手配した。漁船なら正規の港でなくても横付けできる。太田は潤に、もしフェリーの向かう先の港が使えないと分かった場合、徳島港に入港するよう指示した。そこで漁船に積み替えて神戸まで運ぶのだ。潤は太田の指示を受けて各船会社に連絡し、もしもの場合はすべて徳島港に入港するよう要請した。このとき、四国漁連の準備は既に整っていた。

国・官庁との攻防

民間のヘリでは空からの輸送能力に限界があると判断した潤は、首相官邸に電話した。電話に出た若い秘書官に事情と経緯を説明し、自衛隊のヘリを借りたいと申し出た。秘書官は、意思決定できる者がいまいないので、国土庁に震災対策本部があるからそちらへ電話するようにと言った。すぐに潤は国土庁に電話したが、誰も出ない。何度かする内にやっと繋がったが、今度は「いま担当はミーティング中です」とか、「いま会議中です」という返事ばかりでまったくらちが明かない。こんなことをしていたら時間の無駄になると考えた潤は、思い切って米軍沖縄基地でアジア総支配人をしている知人に連絡を入れ、米軍のヘリを借りることができないかと尋ねた。

彼らの対応は国のそれとは違って極めて早かった。米軍の所有するジェットヘリ二機なら貸せると言った。ただ、使用に関しては日本国の許可が必要だと言う。そこで潤は再び首相官邸に連絡を取らなければならなくなった。

このときの潤と国とのやり取りは、地震列島・日本として今後の災害対策を考える上で非常に興味深い。

潤からの電話を受けて、首相官邸サイドからは比較的速やかにＯＫが出た。それを受けて潤はすぐに沖縄の米軍に連絡を入れ、彼らも直ぐに準備に取り掛かった。しかし、事はそう簡単には進まなかった。

「たぶん防衛庁やったかな、いや国土庁……。どっちかが困るって電話があったんです。なんでって言ったら、なんか、日本の恥みたいなことを言ってましたね。そこでもう一度ね、だったら自衛隊のヘリコプター貸してくださいとお願いしたんです。でもそれもダメだって言うんです。こっちはとにかく一刻も早く被災地の方々に物資を届けたい一心でしょ。事態が事態だけにもの凄い憤りを感じましたね。とにかく、話が全然前に進まなかったのを覚えています」

沖縄米軍のジェットヘリを借りる構想は水泡に帰した。ところが、結果的に潤は自衛隊のヘリを借りることに成功した。ダイエーサイドの情熱を理解した役人がいたのだ。ただ、潤は当時の現場の錯綜から、誰が受諾してくれたかを覚えていない。混乱した現地の中にあって、最終的にダイエーは国の協力を得て、どこよりも迅速に物資を供給できた。

ただこの件に関しては、後に予期しないバッシングに遭うことになる。ある週刊誌が、自衛隊のヘリが民間の物資輸送に使われたことを問題視したのだ。潤自らインタビューでそのくだりを語ったが、その話しぶりに自らの正当性を主張したり、週刊誌側を一方的に誹謗するものはなかった。ただ、「あのときは、確かに無茶もしましたよ」と淡々と語る言葉の端々に、大企業のトップが担う危機管理の難しさが滲み出ていた。

開店への熱い戦い

松本は、水浸しになった板宿店の今日中の開店は難しいと判断した。松本は店長の松田に言った。

「この店の今日中の開店は無理やな。ぼくは開店できる店に行くから、後は君の判断で何とか店内を整理して開店に漕ぎ着けるよう頑張ってくれ。一階や。一階でええから開店できるように急いでくれるか」

店長の松田は力強く答えた。

「任せてください。僕らでちゃんとやりますから、心配しないで本部長の仕事をしてください」

松本は松田の言葉に励まされた。これまでの各店長とのやり取りで板宿から近い名谷店が開店できそうだという情報を得ていたので、まずは名谷へ行き、そこで西阪神地区の整備に取り掛かろうとした。交通手段がすべて絶たれていたため、当初松本は歩いて行くつもりでいたが、幸いにも生鮮担当の若者がバイク通勤しており、名谷店まで送ってくれることになった。松本は、目的地までの約十五分間、変わり果てた街並みに心を奪われ寒さも感じなかった。

名谷店は外から見て破損した様子はなかった。店内に入ると、既に大部分のスタッフは出勤しており、店長の伊藤が精力的に開店準備を進めていた。この日、板宿店と湊川店、そして休日になっていた芦屋店を除いて西阪神地区のすべての店が開店した。

外観とは裏腹に、店内は什器が倒れて商品が床一面に飛び散っていた。松本は店長の伊藤と共に店舗ビル全階をくまなく調査して回った。その結果、建物の歪みや亀裂は発見できなかった。しかし、この時点で二つの課題があった。一つは、二階の大丸との関係。大丸は開店しない方針だったため、店舗ビル内のフロアを共有する二階部分は警備の問題もあってダイエーとしても店を開けることが難しい。もう一つは、余震が続いているため、全館オープンによってお客様に被害が及ぶことの懸念。いろいろ考えた結果、松本は一階のみのオープンと決めた。そこで彼は携帯からＨＯＣの川に連絡を入れた。

「名谷店はなんとか開店できそうです。二階の大丸さんが開店できない状況にあるので二階より上の階はすべて閉鎖し、一階店舗だけを開店します」

先の松本の連絡で、西阪神地区の大体の様子を聞いていた川は、

「おう、それでいいよ。後は、とにかく任せるからね。大変だろうが、現場でできるだけ判断してやってくれ」

加えて川は大切な指示を与えた。

「情に任せて商品を安く売ったらあかんで。またお客様の足元を見た便乗値上げも絶対にしてはならない。いつも通りにしろ。それがすべての混乱を防ぎ、最終的にお客様のためになるんだからね」

このことは、神戸の震災以前から中内㓛が社員に常々言ってきたことでもあった。また、㓛は、どんな状況下に於いても店を開けることを強く求めてきた。いかなる混乱の中にあっても、店を開けることが地域住民の安心に繋がると考えていたのだ。そうしたダイエーイズムともいえる㓛の想いは、川を通して松本の心にも強く響いた。売るか配るかという決定への経緯を岩谷が当時を振り返って話した。

「開店するに当たって、売るか無料で配るかっていう論議もあったんですよ。しかしね、無料配布すると混乱するんじゃないかという懸念がありました。売ることがよくないといった人もいるみたいだけどね……。僕らは小売業者として、その責務の中で最大限努力することが最もお客さんの為になるんじゃないかと考えたんです。だから、あのとき売った商品の値段見てもらったら分かりますよ。要するに儲けを度外視して売ったんやからね。お客さんも大変、だから僕らも必死で応える。その結果、売ってくれてありがとう、商品揃えてくれてありがとうですよ、もうみんな。逆に、頑張ってくださいねって言われましたもの。

僕らの仕事はライフラインに関わってるんですよね。あのときね、生活の必需品を売っているんだなっていう実感がもの凄くありました。心からお客さんが喜んでくれているわけですよ。その姿を見るのは感激でしたね。そんなことがあってはいけないんやけど、普段はそうした思いが希薄になってるんですよね。ただで配るんじゃなくて、売ってる僕らに対して、ありがとうって言ってくれる意味は大きいですよね。だからその後いろんな事情で閉めざるを得ない店舗も出ましたが、正直言って本当に嫌でしたね」

いつもの午前十時には間に合わなかったが、十一時前には何とか開店することができた。自らが担当する地区の各店長には、何かあれば直ぐに連絡するように伝え、松本は名谷店の整理と販売に集中した。

芦屋店には、旅行の店長に代わって自宅にいた課長が状況確認に向かった。建物自体が大きく傾斜してしまった湊川店は、すべての従業員の出社を取りやめさせた。

名谷店は、開店と同時にほぼ通常と変わらない数の客が訪れた。この時間、長田では既に火事が発生して、火はどんどん広がりつつあった。その情報は名谷地域の住民にも伝わっており、外でも使える携帯コンロやガスボンベが飛ぶように売れた。ペットボトルの水もあっという間に棚から消えた。その他には、弁当やおにぎりなどの食品類がよく売れた。開店に際して、売り場がパニックになるのではないかという懸念を抱き、それなりの心構えと対応策を考えていた松本だったが、買い物をする客はみんな驚くほど冷静だった。客同士による商品の奪い合いというような事件も起こらなかった。しかし、一人一人の購入する量は通常よりもかなり多かった。明日以降の混乱を予想して、やはり買いだめ意識が働いたのだろう。

従業員たちの懸命の努力によって午前十一時前に何とか開店した名谷店は、この日大きな混乱もなく午後四時過ぎには品切れ状態となり一旦閉店した。松本たちには今日一日を無事に終えた安堵感はあったものの、それ以上に、明日以降に対する不安が募った。

着陸地はどこだ

現地へ飛び立つ先遣隊十名は、午前十時前にＨＯＣを出て木場のヘリポートへ向かった。全員いつものスーツ姿で、手には会社が用意した弁当といつものビジネスバッグだけだった。水を中心とした緊急物資も用意したが、人員輸送用のヘリにはその大部分を積み込むことができなかった。

一号機には、川・永田・上高・長岡（当時・物流本部本部長）・嶋田（当時・秘書）、二号機は、岩谷・大原（当時・ソフトライン商品本部本部長）・東原（当時・ハードライン商品本部本部長）・圓山（当時・システム推進本部本部長）・奈良（当時・人事本部副本部長）が乗り込んだ。かつてない緊張感と使命感を胸に、午前十時四十五分、男たちを乗せたヘリは被災地に向けて飛び立った。

仕事で頻繁に飛行機を使う彼らにとって、ヘリの乗り心地は最悪だった。冷たい隙間風が機内に舞い込み、ヘリ独特の揺れと相まって彼らの緊張したカラダを一層凍らせた。しかし、彼らが本当に緊張感を覚えるのはこの後だった。

飛び立って一時間半ほどでヘリは給油のため三重県の長島温泉の原っぱに一旦着陸した。そこは燃料の入ったドラム缶があるだけの、まさに原っぱそのものだったと彼らは口を揃える。そこで初めて東京と連絡を取った。そのときだった。川の声が急に怒声に変わった。

「八尾ってどういうこと？　八尾からどうやって神戸へ入るんですか。交通機関みんな止まってるんですよ。そんなアホな話ないでしょ」

電話の相手は潤だった。彼らが飛び立った後、潤は大きな問題を抱える。エースとのやり取りの中で、肝心なポートアイランドへの着陸許可が取れていないことを知ったのだ。潤は、みんなが飛び立つ前に着陸地はポートアイランドだと言っていた。しかし、普通では考えられないことが混乱の中で起こってしまった。エースは大阪航空局からポートアイランドの着陸許可を取れなかったのだ。そこで潤に要請がきた。潤はすぐに運輸省の港湾局長だった栢原に協力を要請し、大阪航空局に自ら電話した。どこに降りるのかという当局の質問に、社員が被災地に向かうので、神戸のポートアイランドにヘリを降ろしてほしいと頼んだ。しかし、大阪航空局の返事は、現地の状況がまだよく分からないので降ろすことを許可できないというものだった。

「そんなこと言ったって、もう飛んでるんですよ」

潤のこの一言に大阪航空局の担当官は絶句した。飛び立つ前の話だと思ったのだ。結局、その時点で許可が下りたヘリポートは、伊丹空港と八尾空港、それにもう一ケ所は六甲山山中だった。このやり取りの直後に川から先の連絡が入ったのだ。

ヘリを所有するエースは、着陸地の決定と認可の取得を強く潤に求めた。潤もねばり強く大阪航空局と交渉したが、何度やっても同じ答えしか返ってこない。電話では川が烈火のごとく怒っている。

川たちは着陸地の決まらないまま、何とかするという潤の言葉にすべてを託して再び機上の人になった。潤はエースヘリに対して、とにかくポートアイランドに向かうように依頼した。しかし、依然として許可は下りなかった。

その頃ヘリは大阪を越え神戸の上空に差し掛かっていた。徐々にその姿を現す神戸の街を眼下にして先遣隊の男たちは息を殺した。破壊された街の様子がはっきりと見えた。あちらこちらで立ち上る煙の柱が異様だった。その光景に誰の頭にも、店舗と従業員の安否への思いが走った。川はパイロットに対して、強くポートアイランドに着陸してくれと頼んだ。しかし、パイロットは許可が下りない限り着陸はできないと答えた。神戸上空を旋回するヘリの中で、川のイライラはすでに限界を超えていた。

潤はその後も何とか許可を取ろうと、考えられるチャネルをフル活用して交渉に当たったが駄目だった。エースからは、燃料も残り少ないので、どこに降りるかの最終決断をしてほしいという要請が入った。潤は悩みに悩んだ末、大決断をすることを決めエースに連絡したのだ。

「許可が下りたから、ポートアイランドに着陸してくれ」

まんじりともせず眼下を見つめる川にパイロットが言った。

「許可が下りたので、これからポートアイランドに着陸します」

川はカラダから力が抜けていくのを感じた。

十名の男たちは無事神戸の地に降り立った。しかし、実際には着陸許可は下りていなかった。潤が後に川から聞いた話をした。

「川さんらを降ろしたら、ヘリはすぐに飛び立ったって言ってたからね。だから、ヘリは着地してたかどうか分からないね」

川は、自分たちを降ろしたヘリが追われるように飛び立つ姿を複雑な思いで見つめた。

被災地に降り立つ

川たちの部隊は、液状化現象を起こしたポートアイランドに降り立った。川は、降り立って直ぐに東京の潤に携帯電話から連絡を入れた。川の第一声は、まるでチェチェンの戦争の映像を見ているようだ、というものだった。

「とにかく火柱と煙があちこちに立ち上っていてね。なんだかね、爆弾でも落とされた跡のような状況でした。焼け野原のイメージですね。その火柱の立ちようも半端じゃないですよ、とにかく……」

あの光景は生涯忘れることができない、と川は言った。

岩谷の記憶では、途中ポートアイランド内にあるダイエーの直営店に寄ったとある。歩くのがあまりにも大変なので、店で扱っている自転車を使おうと考えたのだ。しかし、店はとても中に足を踏み入れられる状態ではなく、やむなく断念したと言う。

アスファルトの路面はめくれ上がり、コンクリートは裂け、至るところに大きな穴が開き、そこからゴーッという不気味な音が轟いていた。足下から注意を逸らすと泥沼にはまってしまう。数時間前まで東京にいた者にとって、目の前に広がる光景は、あたかも異次元にタイムスリップしてしまったような別世界に映った。ビジネススーツにコートをはおり、列を成して泥水の中を歩く男たち。そのときの心情を川が語った。

「ヘリから降りて橋に向かって歩く間に、十メートルぐらいの大きな穴が路面のあちこちに開いているんです。そこへゴーッという音を伴ってね、周りの道路から水を全部下へ吸い込んでいくんです。もう本当に見ただけでビビリますよ。で、私たちは背広にネクタイ、革靴でしょ。それはもう歩くのが大変だった。もう泥だらけですよ。

私たちは、ポートアイランドと神戸側を繋ぐ大きな橋を渡らなければいけなかったんです。と言うのは、向こうで会社の手配した車が待機していたんです。なぜ向こう側かと言いますとね、その橋がダメージを受けて繋ぎ目が大きく離れてしまったんですね。酷いところでは一メートルを超えるぐらい離れていてね、とても車が通行できる状態じゃなかったんです。それで結局歩くことになったんです。久々に陸上選手のように走って飛び越えましたよ。橋の遙か下は海ですからね、怖かったですよ」

列の先頭を川が、最後尾を永田が、誰一人言葉を交わすこともなく、ただ黙々と歩いた。まだ午後三時を過ぎたばかりだったが、男たちの目に神戸の空は夕暮れのように暗く映った。

崩れ落ちたシンボル

ヘリから降りて橋を渡り切るまでに約四、五十分を要した。予定通り、四十三号線沿いには迎えの車が待っていた。液状化現象の中を歩くうちに列に距離ができ、最初に着いた者から順に車に乗った。既に対策本部は新神戸オリエンタルホテルに置くことが決まっていたため、川の乗った車は先に走り始めた。この車には、上高、奈良、圓山、嶋田が同乗した。このとき既に阪神間を繋ぐ幹線道路の四十三号線は大渋滞だった。一向に進まない車の中で、川はダイエーのシンボルともいえる十九店（ダイエーの中での店番で、ダイエーが神戸に進出したときの第一号店）の様子を先に見たいと思った。新神戸方面に向かうルートを少し外れれば見ることができる。川の意見に全員が賛同し、車は四十三号線から逸れて裏道に入った。

三宮界隈は倒壊したビルが道路に重なって倒れ、至るところで車や人の行く手を阻んでいた。三宮に混在するビジネス街や商店街の人影はまばらだったが、もしこの震災が人々の出勤後に発生していたら、彼らが目にする光景は更に地獄と化したに違いない。道路自体にも、そこらじゅうに亀裂が走り、中には深さ数十メートルに及ぶ陥没も見られた。市内のあちこちで発生した火事の影響で煙が風に乗り、街全体に異臭が漂っていた。聞こえる音といえば、パトカーや消防車、或いは救急車のサイレンばかりだった。その中を、川たちを乗せた車はゆっくりと十九店に向かった。車の中の男たちは、誰も口を開こうとはしなかった。車窓の光景から、間もなく自分たちが目にするものの姿を想像できたからに違いない。川は、強く拳を握りしめている自分に気付かなかった。

神戸のダイエー各店舗の建物は大きな被害を受けた（三宮第一店）

夕暮れ間近、男たちは十九店の前に立った。全員が車から降り、無言で自分たちのシンボルを眺めた。男たちの口から言葉とも、驚きとも、ため息ともつかない声が漏れた。ビルの中央が屋上から下の階に向かって激しく潰れ落ち、店舗としてすべての機能を消失した姿。その痛々しさは、男たちの心にもまた大きな痛みを与えた。小さく「うーっ」という声が漏れた。ある者は仁王立ちに、ある者は腕を組み、またある者はしゃがみ込んで泣いた。会話はなくとも、ここに立つ男たちが共有するものはひとつだった。川の脳裏を、この店から始まったこれまでの思い出が走馬燈のように巡った。こぼれ落ちる涙を何度も指先で拭いながら、夕暮れに佇む十九店を呆然と見つめ続けた。

川から遅れて永田の運転する車が十九店の前に止まった。川たち同様、全員が車から降りて倒壊した店舗を見つめた。インタビュー中、この場面の模様を話し始めた上高は、突然絶句し、目からは大粒の涙が溢れた。

「三宮の十九店がもう……、潰れてましてね……、またもうひとつこう……、グッときて……。なんとも言えませんでした。もう僕らのシンボルでしたからね。十九店から僕らの人生が始まって、一つずつ階段を上りながらここまで来たんです。例えば、まず十九店の責任者をして、そこからまた次の上のポストに上がっていくという、そういう位置づけの店だったんですね。いまで言うなら碑文谷店みたいなもんですね、東京のね。グループ全体の中では特別な位置づけの店でしたから。そこがああいうふうな形になりまして、本当に全身の力が抜けた、いうような感じで、参りました」

少年のように目を真っ赤にし、嗚咽のように吐き出す言葉に、上高のダイエーに対する熱い思いが満ち溢れていた。上高は大学時代の就職活動で、まったく社風も分野も異なる二社から内定を受けていた。一社はダイエーで、もう一社は国際的なコンピユータメーカーだった。未来がコンピュータ社会になることは上高にも見えていた。コンピュータメーカーからの誘いも魅力的なものだった。ただ、上高の心には学生時代に読んだ『わが安売り哲学』という一冊の本があった。その中に散りばめられた言葉が頭から離れない。その本とは中内㓛が書いたものだった。上高は「こういう人の下で働きたい」という思いを断ち切れないまま迷いの日々を重ねていた。あるとき、コンピュータメーカーの採用担当者が上高に会いに来た。そのとき上高は胸の内を率直に伝えてみた。すると、相手から返ってきた言葉は、「なぜあんな会社がいいのか。比べるまでもないだろう」というものだった。その瞬間に彼はダイエーへの入社を決めたと言う。上高をはじめ、先遣隊として神戸に降り立った男たちにとっての十九店は、自らの歴史が単にそこから始まったというノスタルジーを超えて、中内㓛の姿そのものに見えたのかもしれない。

だめだ、使えない

新神戸オリエンタルホテルに先に到着したのは永田たちの車だった。さあこれからという心意気でホテルに乗り込んだが、そこで予期せぬ問題に突き当たった。一般電話が通じていなかったのだ。加えて、このエリアでは携帯電話も繋がらない。また、ロビーは避難目的に利用する人たちで混み合っており、潤が予め求めていた現地対策本部としての機能は整わなかった。

「ホテルには緊急の電話があるって僕は聞いてたんで、連絡先にいちばんいいやろうと思ったんです。それからね、何か起こったときに沢山の人間が入れるじゃないですか。しかも寝泊まりする設備には困らないわけだしね。店じゃそうはいかないでしょう。そのほうが安全やろうということで、そっちに対策本部を置こうと考えたんです」

永田は各本部長と話し合った結果、倒壊を免れたハーバーランドにしようということで再び動き出した。彼らはすぐにホテルを後にし、携帯の電波が届くところまで来たのを確認して、車の中から永田が川に電話した。川たちが乗った車は、選んだ道路の異常な渋滞にはまってしまい、立ち往生していたのだ。川は永田からの電話で経緯を聞き、二つ返事でハーバーランドに対策本部を置くことを了承した。そして直ぐに東京の潤にその旨を伝えた。渋滞でなかなか前に進まない車窓から川はジッと西の空を見上げていた。その瞳には、灰色の曇り空を焦がす火柱の明るさが反射していた。

現地対策本部が動き出す

川たちとほぼ同時刻に永田たちの乗った車もハーバーランドに到着した。建築からまだ日の浅い店舗は、この激しい地震にもしっかり耐え、周りの光景とはアンバランスなほど見事に原形を留めていた。その姿に勇気を感じながら、川たちは勢い店内に足を踏み入れた。しかし、神戸に降り立って初めて感じた勇気は一瞬の内に砕け散った。震度七は半端ではなかった。その猛威は店内の至るところに深い爪痕を残していたのだ。外観からは想像もできないほど店内は荒れ果てていた。破壊された街の様子に度肝を抜かれた川たちであったが、ハーバーランドの店内の様子はそれに一層拍車をかけた。岩谷がその様子を語った。

「ハーバーランドの店っていうのは、まだ建って数年でしたからね。非常に大きな建物で、外から見た印象では大丈夫やな、ちゃんと建っとるなという感じでしたね。だけど後で見たらそうじゃないんですよ。建物のど真ん中にクラックが入ってました。店には裏から入ったんですけど、中はゴンドラが倒れてグチャグチャでしたわ。ウワァこれは大変やな思いました。この店でこうなんやから、他はどうなってんねやろとね。その上停電で店内は真っ暗けでしょ。明かりはランプとか懐中電灯を使うしかなかった。ほんまに直ぐオープンできるんやろかと思いましたよ」

当時のハーバーランド店は、一階以上が通常のスーパーで地下がコウズという会員制のスーパーマーケットになっていた。繰り返し襲ってくる余震の恐怖に怯えながら、川たちは店舗内のチェックを始めた。まず川たちを襲ったのは異様なガス臭だった。フロア全体に漂い、発火に対する恐怖心を煽った。

「なんでこんなにガス臭いんや」と永田が店舗の従業員に尋ねると、

「ガスが漏れてるんですわ。でも一時間もしたら慣れますよ」と素っ気なく言われてしまい、困惑したと言う。確かに、従業員の言う通り永田たちは直ぐに慣れた。

すべての階で、陳列棚は激しく倒れ、商品が床一面に散乱していた。壁面に据え付けてある重さ一トン近い冷蔵庫が、よくぞここまでという場所へ吹き飛ばされていた。二階から上は床と壁の間に隙間が生じ、とても客を招き入れる状況ではなかった。どの階かは分からなかったが、水道管が破裂してフロアに水が流れ出していた。そんな中、一階と地下は水浸しになることもなく、陳列棚と商品を片づければ、何とか対策本部としての体裁は整うように見えた。ただ、電話や電気は不通だった。川は潤に携帯から連絡を入れ、ハーバーランドの状況を報告した。そして、川は先遣隊全員と既にハーバーランドに出勤していた従業員を集め、全店舗の情報収集を急ぐように命じた。

「とにかく現状把握に全力を挙げました。自転車、バイク、車といった、あらゆる手段を用いて各店を回れと言ったんです。その上で、店頭営業できる店、開店できる店、店頭営業もできない店の三つに分けたんです。次に、必要な人員をどう揃えるか、何が売れるのか、何を売ってあげなきゃいけないのか、それを全部決めました。何とか開店できる店はいいんですが、店頭販売しかできない店もあるわけで、そこでの販売計画を急いで立てる必要がありました。それは毛布であったり、ゴザであったり、お水であったり、ガスボンベであったり、コンロであったり。あるいは水を配ったりする。そういうような商品構成を決めましたね」

このとき既に衛星電話のシステムを搭載したヘリが東京から神戸に向かっていた。そして、午後七時前にハーバーランドの店舗サイドにアンテナが設置され、通信が可能となった。この衛星電話は、当初文字通り電話として使っていたが、回線が一本ということで誰かが使うと他の者が使えなくなるという不都合があり、より多くの情報をやり取りするために、直ぐにファクシミリとして用いるように切り替えられた。

すべてはお客様のために

先遣隊それぞれが動き出した。まず、ハーバーランド店の開店をめざした。中心的な動きをしたのは上高だった。上高は、神戸の様子を目の当たりにした瞬間に、一分一秒でも早く被災した人たちのために店を開けなければならないと思った。

「着いて直ぐにグチャグチャになった店内を大急ぎで整理しまくりました。街全体がえらいことになってるでしょ。被災した人たちが、とにかく簡単に食べられるものはないかと。お客さんに提供できる物とダメになってる物とを仕分けしてですね、その日の内に足らない商品の手配をしたんですよ」

広い店内の床一面に散乱した商品の状態を一つ一つ調べていくのは容易ではなかった。しかし、上高は疲れを感じなかった。そんな彼を支えていたものは、紛れもなく中内㓛の言う『すべてはお客様のために』というダイエーの理念だった。インタビューの中で上高は、この震災を通じて初めて㓛の言葉を体現できたような気がすると言った。ダイエーにとって幸運だったのは、大阪にある茨木センターが稼働していたことだった。おにぎりや牛乳といった鮮度が求められる商品はそこから供給できたのだ。

東京との情報交換

永田は、できる限りの情報を現地の従業員たちから集め、東京の竹下に送った。それを受けて竹下は物流の手配を計画立てていった。また竹下も東京で得た様々な情報を永田に送った。

「とにかく、どの店が開店できるかを急いでチェックしました。店が開くということは商品を入れないといけないわけで、現地に於けるコントロールを僕と長岡本部長で行ったわけです。ですから、まずは早くこちらの情報を東京の竹下に送って配送体制を整えてもらわなければならないんですね。商品が届かないと何もできませんから」

被災地の真っ只中にいる永田たちにとっては口コミ情報以外なかなか入ってこない。むしろ幅広い情報という意味では東京の方が豊富だった。

永田は神戸に点在する各ディストリビューションセンターの被害状況をいち早く把握したいと焦っていたが、現地ではなかなか難しかった。しかし、竹下からの情報で使えないことが分かったのだ。永田・長岡と竹下の連携で、この日からの物流が緊急事態に即応して動き出した。

深江物流センター　地盤沈下で落下した配送車

被災者の立場に立って

川は、対策本部の仮設事務所に東京と同じように何枚もの白板を並べた。そこに神戸の店舗一覧表を作り、開店可能な店と不可能な店に分け、必要な情報を次々と書き込んでいった。それは、誰が見ても一目で各店の状況が分かるというもので、混乱と錯綜が入り交じった現場では大いにその効力を発揮した。こうした情報を元に、生活者の立場に立って、いま最も困っている品物は何かを考え、提供すべきアイテムを選定していった。川は言う。

「ガスボンベ一つあっても仕方ないでしょ。だからコンロとボンベを一つにまとめたんですよ。ガスはすべて止まっているわけだし、壊れた家の中からいちいちコンロを持ち出すのは大変ですからね。それで、ガスボンベとガスコンロの手配をいちばんにしたんです。

次は水ですよね。水がないと生活ができない。水はペットボトルだけじゃないですよ。関係会社からタンクローリーを借りて、そこに水を入れてきてもらったんです。これは無料で供給させてもらいました。

何しろ寒かったですから、温めてすぐ食べられるものということで、ロングライフのインスタント食品ですね。とにかく簡単に口に入れられるものを全部手配しました。で、そういうものをユニットで販売したんですよ。価格だってね、ほとんど半額で売ったんですよ。

それをうちとはまったく関係のないどこかの店を見て、ダイエーはあくどい商売をしている、なんて書いた作家もいましたね。あのときの悔しい思いは、いまでも忘れることができません。

震災当日は特に、個人商店から大手のスーパーまで閉めているお店が多かったんですよ。ほとんど閉めてたんじゃないかな。だけど、うちは経営理念が『電気をつけろ』でしょ。だから震災当日でも店を開けるということが当たり前だったんだね。

こうやって話すと簡単に聞こえるかもしれませんが、インフラが破壊された中で、しかも当日から商品を揃えて店を開けるというのは、ある意味で大変な戦いだったんです。ハーバーランドだって荷物の受け入れを行う検収場の空き地で始めたんですからね。まるで戦後のように、軒下から始めたんですよ」

トラックが動けない

先遣隊の各人がそれぞれの任務を遂行する中、川には大きな課題が覆い被さってきた。輸送ルートの確保に問題が生じていたのだ。神戸市街に向かう幹線道路の多くが壊れ、或いは崩れたビルなどで通行を止められ、そのすべてが異常極まる大渋滞に陥っていた。

このままでは各店舗ですぐに商品が底をついてしまう。各店の責任者からは、いつ何時に商品が届くのか、次々に催促と確認の電話が入ってくる。対策本部に怒声が飛び交った。

直ぐ隣の大阪にセンターがあるのに、そこからの輸送がままならない。東京や福岡から朝出発したトラックやタンクローリーも神戸周辺までは比較的順調に走れたが、市内にはなかなか入れず、また入ったとしてもそこから先へ動くことができずに立ち往生していた。運良く配送先の店舗に到着できたトラックもあったが、極めて幸運なケースだった。そこで、目的地に荷降ろしできないトラックや道に迷ったトラックは、すべてハーバーランドに向かうよう指示が出された。

夜遅くなって、各店舗の情報収集に自転車で散っていた現地の従業員が続々と対策本部へ戻って来た。彼らから各店の状況を聞いた川は、想像以上の実態に青ざめた。

街に明かりを

夜の九時半を過ぎた頃、長田のローソンが暴徒によって荒らされたという情報が川の耳に届いた。その結果、中内㓛の理念に反して長田エリアのローソン六店舗を閉鎖せざるを得なくなった。

店に明かりが点き、そこに必要な商品が並んでいることで人々は安心する。店の明かりが消えてしまうということは、街全体が死んでしまうことになる。それがこの大災害の中で、川が何としても店を開けようとした理由だった。実際、神戸市からも、できるだけ店を開けてほしいという強い要望が寄せられていた。その電話に最初に対応したのが永田だった。

「ダイエーの本社からは全店開ける努力をしてるって聞いてるんですけれど、本当に全店開けられるんですか。全店ですよねって、ずっと全店、全店って言われて困りました。行政としては、早くテレビで営業している店舗を住民に伝えたかったんでしょうね」

更に永田は中内㓛の言葉に触れて語った。

「物を配るんじゃなくてね、物を売るっていうこと。売るっていうことがインフラやと。配るんじゃなく、寄付するのでもなく、売れと。店開けて売れと。だからこれまで各地で地震があったときも、とりあえず私たちは店を開ける。いちばん早い内に開けろ、店頭でも何でもいいからやれっていう、そうやってずっと言われてたような気がするんですよね。僕はこの震災を通じて、売る、店を開けるということが、つまりインフラなんやということがよく分かりました」

川の、何とか店を開けたいという思いは、実は神戸を愛するすべての人々の思いでもあったのだろう。

栄は建ってるで

五百トン程度の小さな客船。何百人もの客が床と階段の両端に膝を抱えて寿司詰め状態で坐っている。勝手に立つことは許されない。トイレに行くときは手を挙げて係員の指示に従う。誰も言葉を発しない。静まりかえった船内。船はハーバーランドを午後八時過ぎに出航し大阪の天保山へ向かった。

大友達也（当時・広報室副本部長）は、堺の自宅で大きな揺れに驚いて目を覚ました。急いでテレビのスイッチを入れると地震の速報が流れていた。それが震度六を超える大地震であることを知るのに時間は掛からなかった。直ぐに神戸にいる役員に電話をしたが電話自体が既に不通になっていた。次にＨＯＣの広報へ連絡を入れ、これから神戸に向かうと告げた。

阪急電車だけは西宮北口駅まで動いていた。大友はまず西宮まで行き、そこから三宮に向かって歩き出した。三宮に近づくにつれて辺りの風景は恐ろしいほど変わっていった。このとき既に炊き出しや、ビルによってはトイレを使ってくださいという張り紙があった。大友も途中、水と食べ物を貰った。倒れた高速道路の写真も撮った。

大友は、神戸にある四ヶ所の配送センターを撮影し、午後一時頃に三宮に着いた。当時三宮には五店舗あったが、まず十九店に向かった。その後すべての店舗を回ったが、その殆どがまともに営業できる状態ではなかった。それぞれの様子を写真に収めた後、大友にとってどうしても確認しなければならない場所に足を向けた。

大友が自分の目で見届けたかったものは、中内㓛の生家とも言うべきかつての栄薬局だった。㓛はこの家で三歳から戦争から帰るまでを暮らした。その栄薬局の隣には昔から明治冷蔵という肉の保冷倉庫が建っていた。少し離れた場所から、その煉瓦造りの保冷倉庫の倒壊した姿が大友の目に入った。

「こらあかんかなぁ」

半ば諦めの境地で近づくと、何とモルタル造りの家はちゃんと建っていたのだ。胸を撫で下ろした大友は、早速東京の秘書室へ連絡を入れた。

「栄は無事や、ちゃんと建ってるで」

その後、大友は火の手の上がる長田を抜け、板宿店まで歩いた。一通り記録を残すと辺りはすっかり暗くなっていた。この時間から再び歩いて西宮まで行くにはあまりにも厳し過ぎる。そう判断した大友は泊まる場所を探していた。すると、道行く誰かがハーバーランドから大阪行きの船が出るらしいと話しているのが耳に届いた。出航の時間を確認すると間に合わないでもない。ヨシ、と奮起し疲れたカラダに鞭打って再び歩き出した。

港に着くと既に長蛇の列ができていた。その列を見た瞬間、どれほど大きな船が来るのか知らないけれど、ここに並んでいる全員はとても乗れないだろうと大友は思った。しかし、誰一人として列を離れようとしない。こうなると大友も動けない。そのうち船が入港したが、驚くほど小さな船だった。やがて乗船が始まり、大友はどこで打ち切りになるのだろうと思いながら、どんどん短くなっていく列の中にいた。予想に反して大友の順番が来て乗船することになった。ところが中に入って驚いた。神戸の街同様、船内もまた普通では考えられない状態になっていたのだ。

船は午後九時半過ぎに大阪の天保山に接岸した。船を降りた大友は地下鉄の駅へ向かいながら大阪の街を見て頭の中が混乱した。

「神戸と違って大阪はなんにも変わってなくて、まったく普通でしょ。なんだか異様でしたね」

リュックを背負い、手に傘を持った大友は、遣り切れない思いを抱えたまま、混み合う地下鉄で堺の自宅へと帰って行った。

震災当日のスーパーイタリアーノ芦屋店（1995.1.17）

終わらない夜

緊急輸送への対応

東京の竹下の元に神戸市の商工部から連絡が入ったのは、日付が十八日に変わった午前零時過ぎだった。彼らの主旨は、神戸の街に明かりがほしいということだった。暗くなると暴動が起きるかもしれないという危惧があったのだ。竹下には、神戸を何とかしたいという行政サイドの必死な思いが強く伝わってきた。その後には観光部からも電話が入り竹下を驚かせた。観光部の要請も商工部と同じで、とにかく店の照明を点けてほしいというものだった。

竹下は社の方針として極力意向に沿うつもりであることを告げた。同時にある要望を申し出た。それは、川や永田たちが最も苦しんでいたことでもあった。

「当社のマークの入ったトラックを緊急優先車両として認知してほしい」

神戸周辺から中心へ車が入れない。この震災中、九州から水を積んで出発したタンクローリーが、目的地に到着するまでに数週間を要したという話もある。災害の規模から見て、直ぐに道路状況が改善されるとは思えなかった。

神戸市は竹下の要請を受諾した。竹下は至急「マル緊」マークを作り、ファックスで関係各社に発信した。これ以降、ダイエーの輸送車はすべて「マル緊」マークをフロントウィンドウに貼り付けた。

神戸市との電話を切って直ぐに、今度は兵庫県警から竹下に電話が入った。県からダイエーの竹下に電話してほしいと県警に連絡が入ったと言うのだ。その内容は、サポートしたいがどうすればいいか、というものだった。竹下は神戸市とのやり取りを伝え、直ぐに南港に着くフェリーがあるから、輸送車をパトカーで先導してくれないかと依頼した。県警は検討するとして一旦電話を切った。次に連絡が入ったのは大阪府警からだった。

これらのやり取りから間もなく、大阪府警と兵庫県警は連携して、翌十八日深夜、南港に着いた輸送トラックをパトカーで実際に先導したのだ。南港から西宮までは府警が、西宮からハーバーランドまでは県警が任務にあたった。

竹下のアイデアで難局をひとつ乗り越えたかに見えたが、残念ながら効力は数日で終わることになる。他社の車がダイエーを真似て自由に「マル緊」マークを貼りだしたからだ。また、県警や府警の特別とも思える対応も三日間で終わった。

ヘリについても問題をクリアしなければならなかった。輸送用の大型ヘリを確保するということがなかなか難しい。加えて、こちらが望んだ着陸地の許可を得るのがまた一段と困難を要した。

ヘリの着陸に関しては、川の奮闘があった。悪化の一途を辿る道路状況の中で、神戸の各店舗に対する物資搬入は遅々として進まなかった。業を煮やした川は思い切った行動に出た。震災発生から二日を過ぎたときである。

「ヘリの手配ができていざ着陸地の申請をすると、運輸省が許可を出すところは大阪の八尾とか、六甲山の裏側のゴルフ場といった場所ばかりなんです。問題はそこから神戸の街の中に入れないということなんですよ。被害は街の真ん中で起こっているんですからね。いちばん困っているところに着けない。私たちの要望は、あれもダメ、これもダメ、とにかくダメ、ダメ、ダメ。現場にいる人間からすると、とても考えられないようなことばかりで、それで僕も頭にきましてね……。

僕は細川総理時代に本人と親交がありまして、官邸にもよくお伺いしてたんです。そのときに官邸のスタッフたちと面識ができまして、そのときの関係から何とかヘリの件をお願いしようとしたんです。ところが彼らも忙しいのか、なかなかつかまらない。と言うか、相手にしてくれないわけですよ。そこで県知事室の室長と親しかったものですから、知事室に入っていって、そこから知事の名前を拝借して官邸に電話したんです。とにかくヘリの着ける場所がないから何とかしてほしい。官邸サイドから号令を掛けてほしいと」

その後、国からの認可はやや柔軟になり、店舗に隣接する駐車場などに着陸できるようになった。ただそこには国の定めた基準があり、それを満たさない限りヘリは着陸できない。ある店舗では駐車場の外灯をすべて取り外すという大工事を行った。スペースがあれば簡単に離着陸できるのがヘリだと考えがちだが、実はそこには非常に厳しい規定があった。配送ルートの調整と確立に、まさに寝食を忘れて取り組んだ竹下と彼のスタッフたちの必死の戦いが、そして、被災地の真っ只中で感じる自らの切羽詰まった思いが、川を動かし二日後にヘリの離着陸を可能にしたといっても過言ではない。

火中の長田へ

対策本部には長田が燃えているという情報は既にもたらされていた。神戸市から店を開けてほしいという要請が寄せられたこともあり、永田たちはまず長田店を見に行こうと決断した。長田店は朝から閉店したまま、まともに情報も入ってこない。何度か長田店に電話を入れたが誰も出ない。ラジオや行政から入ってくる情報では、長田区の広い範囲が大規模な火災に見舞われ大変な状況になっているという。車で現地まで行けるかどうかすら分からないまま、永田は岩谷、そしてもう一人のメンバーと共にハーバーランドを後にした。このもう一人のメンバーについては、永田も岩谷も思い出すことができなかった。

ハーバーランドから長田店まで距離はさほどあるわけではないが、やはりいつもとは違って車での移動は片道一時間を優に超えた。長田が近づくにつれて目に映る光景は極端に変化した。永田たちは、自分がいったいいつの時代にいるのか錯覚を覚えるほどその有り様は現実離れしていた。燃え盛る火が空を赤く染め、ビルや家がことごとく崩落し原形を留めていない。道路には大きな陥没ができ、地下鉄の入り口も崩れていた。緊急自動車のサイレンが生々しく耳に届いてくる。人影もまばらだった。恐らくどこかに避難したのだろう。永田たちは、まるで自分がどこかの戦場にいるようだった。三人は緊張しながら長田店に急いだ。

長田店は外から見る限り大きな倒壊はなかった。ただ、暗がりに佇む静かな建物は異様な重苦しさを醸し出していた。固く閉ざされた入り口のシャッターを永田たちは何度も激しく叩いた。しかし、中からの応答はなかった。携帯から電話してみたが、電話には誰の応答もなかった。永田たちは外から様子を見ただけで、仕方なく店を後にした。後に聞いた話では、そのとき中に数名の従業員がいたらしい。ただ、暴動の噂を耳にしていた彼らは、恐れを抱いて応答しなかったのだという。この恐怖は、その場にいた者でなければ分からないだろうと永田は言った。この日、彼らを含めた被災者の多くが、いつ終わるとも知れない恐怖と不安を抱えながら終わらない夜を過ごしていた。

倒壊した自宅へ

長田といえば、岩谷や永田が戦場と言った、まさにその地域に川の自宅もあった。震災当日の早朝、妻からの電話で震災の第一報を受けてから一度も連絡しないまま四日が過ぎた日、激務の合間を縫って川は初めて自宅へ自転車で向かった。家族の安否は、妻の姉が三日目にハーバーランドを訪れた際に聞いて知っていたため、大きな心配は払拭されていた。しかし……。

川の目に映った我が家は、外から見ただけでまったく使い物にならなくなっているのが分かった。建ててからまだ日が浅いにも関わらず、全体が傾き二階がずれて落ちかけ、一階の玄関ドアは開きっぱなしになっていた。

「あー、建てたばかりでまた建て直しか。これでローンも二倍やな」

これが家を見たときの川の頭に最初に浮かんだ言葉だという。

川が部屋の中に足を踏み入れて最も印象に残ったのは、川のベッドの上に大型テレビが飛んで落ちていたことだった。テレビが置かれていた場所からは五メートルもあった。もし川が東京ではなく神戸の自宅で寝ていたら、そのテレビは川を直撃していたことになる。そのシーンを想像して川の記憶に強く焼き付けられたのだろう。長田区を東西に横切るＪＲと山陽電鉄の上下五、六百メートルのエリアは全滅だったと川は話した。そこには川自身の自宅も含まれていた。

インタビューで、神戸の家族が心配ではなかったかという質問に、川は間髪を入れず「いいえ、仕事に入ってからはまったく振り返りませんでした」と言い切った。そこに、日本の高度経済成長を支えた仕事一途の企業戦士像を垣間見たが、被災地の人々の苦しみに寝食を忘れて応えようとする人間川に、心の奥底で深く家族を思い遣る男の姿がダブって映った。

不眠不休の開店準備

上高は、十名に満たないハーバーランドの従業員たちと必死で翌朝からの開店をめざして準備を進めていた。ただあるものを売ればいいというものではない。ガスや水道、電気といったものが止まっている中で、真に被災者の役に立つものでなければならない。しかも、緊急物資を積んだトラックは当然のことながら到着していない。いま店舗にあるものから考えなければならなかった。こういった場合、よくカップラーメンなどの即席物が役に立つと思われがちだが、実際は違う。水もない、ガスも電気もない中ではほとんど役に立たないのだ。被災者たちにとっては、インフラ、つまり日常的な調理器具や水・電気の代わりになるものがあって初めて温かい食べ物を口に入れることができる。川はそこを読んで、ガスボンベとガスコンロをセットにしてできる限り店頭に並べるよう指示したのだった。

商品構成の次は売り場をどこにするかということだった。一階と地下の片づけも少ない人手ではなかなか思うように進まない。いろいろ考えた結果、店舗の裏側に荷物の受け入れを行う検収場があり、そこの広い空き地を仮設店舗にすることにした。上高に時間の感覚はなくなっていた。夜とか昼という感覚も消えていた。目の前の準備に追われ追われて、気が付くと朝を迎えていた。

「商品の準備で考えたことは、もちろんなにをということもありましたが、やはり量でしたね。量の確保というか、一つでも多く販売できるものが確保できへんかという気持ちだったです。オリエンタルホテルにずっと避難されてる人を見てましたからね。一人でも多くの方々に提供できるように商品を仕分けしようという気持ちだけだったですね」

上高の目には神戸に着いてからハーバーランドに入るまでに見た、被災者一人一人の表情が焼き付いて離れなかった。

応援部隊の到着

川たちを乗せたヘリの後を追うようにＨＯＣをバスで出発した応援部隊は、深夜零時前に大阪・桃山台にあるスーパー大学に到着した。総勢二百七十名もの人数を予約なしに収容できるのはそこしかなかったからだ。スーパー大学とは、ダイエーマンがビジネススキルを磨くためのトレーニングスクールである。

東名は順調に流れたが、やはり大阪が近づくにつれて渋滞が激しくなり、深夜の到着となった。途中トイレ休憩で二度休んだ以外、ずっと走りっぱなしだった。総勢二百七十名は疲労の極致にあった。観光でも、出張でもない、被災地救援という思いが疲れを倍増させたのだろう。しかも彼らは予め心づもりをしていたわけではない。状況を知らされ、いくら自主的な思いがあったとはいえ、出社と同時に被災地へのバスに突然乗ることになったのである。各人の思いは、さぞ複雑であったに違いない。

一行はスーパー大学に到着するやいなや、休む間もなく大会堂に集められ、直ぐに明日以降のスケジュール・ミーティングが始まった。事態は緊急を要していた。ミーティングで次々と報告される被災地の状況を聞きながら、応援部隊の眠気は吹き飛んだ。

川の想い

激動の一日を終え、対策本部のメンバーは順次休める者から仮眠を取った。川も同様に陳列棚の間に段ボールを敷いて休もうとした。誰もがそうであるように、川もまた着の身着のままだった。まだ余震の残る中、スタッフから手渡された毛布を被って横になった。心身共に疲れ切っているはずなのに、いろんな事が脳裏をよぎり寝付けなかった。

「やっぱり経営のことを考えましたよね。これからダイエーの経営はどうなるんだろうかっていう。あの店で収益なんぼやったかなあとか、全部消えたらどうなるんだろうかとか。入社したての頃も頭に浮かびましたね。と言うのも、ちょうどあの頃も同じやったんです。当時は出張したからといって会社でホテルを取ってくれたり、食事を手配してくれるなんてなかったですからね。だから、仕事が終わると店舗の陳列棚の間に入って寝るんですよ。で、朝起きると目の縁が真っ黒でね。目だけじゃなく、鼻の穴、耳の穴、大体みんな真っ黒でしたよ。新しい店の開店準備のときなんか、その辺の屋台で勝手に飯食ってね。そうやって発展して来たんでね。豊かな生活はお客さんにしてもらうんで、従業員は誰も豊かな生活をしていなかった。うん、楽しかったよね。三十店舗ぐらいまでのダイエーはそんな感じだったんですよ」

さらに踏み込んで聞くと、しばらく考えてから重い口を開いた。

「そうだね、生まれ故郷の生活、おじいちゃん、おばあちゃんと一緒におったときの生活かな。田舎で苦労したことや、いろんなね。学校の先生の顔が浮かんできたり、いっぱいありますわ。それ以上は言えんね」

そこまで言うと川は急に話を切り替え、余震が度々あり怖くてなかなか眠れなかったと大きな目を赤くして笑った。その夜、川は二時間も眠ることはできなかった。結果的にこの日、殆どの者が同じだった。

こうした毎日が、川が潤と現地の隊長を交代するまでの五日間続いた。途中、川が頭を洗いたくなり、水を使わずに頭を洗えるようなものはないかと現地のスタッフに尋ねた。そのとき、「川さん、商品本部長やってて、そんなことも知らないんですか。自分で売ってるでしょう」と大笑いされたという。殺気だった雰囲気の中で巻き起こった笑い。その笑いが周りにもたらした一瞬の安らぎは、いかほどのものだっただろう。

この夜、目的の店舗やセンターに向かえなくなったトラックが次々にハーバーランドに押し寄せた。また、九州からの応援部隊を乗せたバスの一台が連絡の不備で入ってきた。バスにはそのまま桃山台へ行くように指示したが、トラックに積まれた商品はすべてハーバーランドで売るため、荷降ろしの作業が夜を徹して行われた。

被災地の夜明け

長蛇の列

上高を中心に必死に続けられた作業は、誰一人仮眠を取ることもなく十八日の朝を迎えた。上高が店の外を覗いて見ると、まだ午前六時を過ぎたばかりだというのに、既に開店を待ちわびる人々の列ができ始めていた。対策本部の誰もが驚く光景だった。寒い中をみんなが待っている、そう思っただけで上高は焦った。その列は時間の経過と共にどんどん長くなっていった。果たして商品が足りるだろうか、という不安が上高の脳裏をよぎった。それほど人々が押し寄せたのだ。上高と共に準備を進めていた岩谷が細かい部分を記憶していた。

「朝からは着いた商品を仕分けしまして、みんなで話をしながら店内のレイアウトを決めたんです。混乱を防ぐために、買い物の動線をワンウェイにしようと。これ全部、台車でやるわけです。ゴンドラあるわけじゃないですから。台車で枠をずっと作っていくわけですね。で、ヨーイドンで売り出したら、僕は電卓打ってましたわ」

歩いてきた人もいれば、自転車やバイクで来た人もいる、また車の客も多かった。

生活物資を求めて長蛇の列が続く藤原台店

その車が道路を埋めて、輸送用のトラックが通れない箇所ができた。困ったスタッフが各ドライバーに移動を依頼した。普段なら不満のひとつも出そうな場面なのだが、そこに並んだ人たちは誰一人文句も言わず、前後の人と声を掛け合って場所を空けてくれた。また、ドライバーが少し離れた場所へ車を移動させている間、割り込みを行う人もいなかった。その状況を見て対策本部のメンバーたちは感動した。永田は言う。

「ハーバーランドへは車で来る人が多いんですよ。その日も朝早くから車がズラーッと並んでたんですね。

そこへ給水車とかトラックが入って来るんですが乗用車が邪魔になって駐車場に行けないんです。そこで拡声器を使いまして、前の人が並んでる場所を確保しますから、車の方は手を挙げてくださいと。で、前の方に手を挙げられた方の顔を覚えていただいてね。そうしましたら、車をみんなバーッと動かしてくれました。せっかく並んでるのに出たらまた一から並ぶんでもめるやないですか。だから普通だったらなかなか出られへんわけですよ。だけど、ちゃんと言ったらね、みんな協力的に車を移動してくれるんですよ。そういうなんて言ったらいいか、日本人って凄いなあって思いましたよ」

開店と同時にワーッと客が押し寄せ、百坪そこそこの臨時の売り場は見る間に人で埋まった。そのため、何度も入場制限をせざるを得なかった。

ユニット商品もよく売れたが、この日はラーメンなどのインスタント食品、トイレットペーパーやティッシュといったものがアッという間に消えていった。客たちの顔には一様に疲労感が漂っていたが、際だった殺気や焦燥感はあまりなかった。むしろ、客同士に労りの気持ちが働いたのか、売り場での振る舞いはいつも以上に秩序だっていた。

客の絶えない売り場で、対策本部のスタッフと従業員たちは懸命に接客した。そんな彼らに対して、多くの客が「ありがとう」と声を掛けた。上高の胸が熱いものでいっぱいになった。

「使命といいますか、もともとそういう仕事がしたくてこの世界に入ったんですけれどね。あのとき初めて人のためになるというか、世の中のためになれたように感じましたね。この仕事の重要性というのを、いままで頭では分かっていたんですが、カラダでも覚えられたというか、一体になったという感じがしましたね。

嬉しかったというか、驚きというか、思わず涙が出てきましたけれども、お客さんがね、ありがとうって言ってくれるんですよ。ありがとうございますと言うのは僕らじゃないですか。それをお客さんがね……。もうああいう場面では、売り手も買い手もありませんね。みんな一緒なんですよ。

中内切さんが、早く店を開けろと言った意味ですね、配るんやない、売るんやと言った意味が、ほんまに身に染みて分かりました。僕らも水は無料で配りましたよ。でもね、僕らの本当の使命は、どんな状況でも商品をちゃんと準備して、店を開けて、正しく売るということなんですね。お客さんも必死やけど、僕らも必死で商売する。

そんな気持ちが届いたから、きっと、ありがとうって言ってくれたんだと思いますよ。一生忘れられません」

この日から、ハーバーランドの店舗は二十四時間体制での営業を開始した。

物流ルートの安定をめざして

潤は帰宅しないままHOCで一夜を過ごした。一応仮眠の体勢はとったが、昼夜を問わず官公庁から電話が掛かって来たため、結局眠ることはできなかった。最終的な決裁を求められるからだ。決裁に時間を掛けることは許されなかった。

震災から数日後の話だが、神戸市からトラックを貸してほしいという依頼があった。その理由は、全国から寄せられた救援物資の運搬に使うためだという。その頃、神戸市の市庁舎前には救援物資が山積み状態になっていた。その中には日持ちのしないものも含まれており、いくら真冬とはいっても腐る物も出てくる。その時点で物資の配給計画が確立していたか否かは定かではないが、頭を痛めた市はそれらの物資を他へ移動するためダイエーにトラックの支援を求めたのだ。潤は何とか応えようといろいろ模索したが、自らに足らないアイテムを提供することは結果的にできなかった。それは潤にとって心の痛む決断だった。

潤は十七日の夜に川と話した際、十八日からの朝昼夜の三回の定例ミーティングを決めた。また、ハーバーランドへ向けて手配した物資の現地に於ける扱いは、川に一任するとした。現地の状況を自分の目で確認できない中、川の裁量に委ねるのが最も被災者のためになると考えたのだ。しかし、被災地から離れた場所にいることが逆にプラスに働いたこともあった。

「震災から何日目かに雨が降ったんですよ。ところが現地ではテレビが映らないから天気予報が見れないんですよ。で、そのことを川さんに言って、雨合羽やテントを神戸に送ったりしたことがあります。現地にいて分からないこと、できないこともあるんですよね」

二日目の潤は、何はさておき物流ルートづくりに全神経を遣った。

「もうそれ一本に絞ってましたね。簡単に言うたら国や地方行政とのやり取りです。ヘリコプター、フェリー、トラック、タンクローリーといったものを何とかせなあかんでしょ」

タンクローリーを例に取れば、飲み水だけを運んだわけではなかった。被災者たちにとって飲み水に対する不自由はさほどなかった。圧倒的に不足していたのはトイレで流す水だった。川からもトイレがいちばん困るという話があった。そういった水を運ぶためにもタンクローリーの台数確保が求められたのだ。潤は、生活用水の無料供給以外に、備え付けの簡易トイレも各店舗前に配備することを忘れなかった。その数は数百台に及んだ。

「物流ルートをつくるというより安定させると言った方が正しいかもしれないね。フェリーにこれだけ積もうとか、道路でこれを運ぼうとか、まあ道路の状況把握も頭を痛めましたね。

それと共にね、商品というか物資の確保が大変でした。食料品で言えば火が使えないでしょ。水を使うものもダメでしょ。そういったもの以外で、どれだけの品物を揃えられるかっていうのがありました」

潤がハンバーガーについてのエピソードを語った。当時、茨木ディストリビューションセンターにドムドムの倉庫があった。商品選定に頭を痛めていたとき、フッと浮かんだと言う。

「ハンバーガーいけるで！」

ハンバーガーは、焼いた後に冷凍している。真冬という季節を考えたとき、センターを出て神戸に着く間にちょうど常温解凍されて食べ頃になっているのではないか。そう直感した潤は、早速担当スタッフに確認してみた。問題ないだろうという答えが返ってきた。潤は直ぐにゴーサインを出した。嘘のような本当の話だと潤は笑った。

潤たちの模索した物流ルートが完全に機能するまでに数日を要したが、その間には人員の配置転換も含まれていた。十七日に神戸に先遣隊として向かった者の中から、岩谷を加えた三ライン（ハード、ソフト、フーズ）の長に急遽帰社を命じたのだ。現地の意思決定は川一人でできる。潤も間もなく現地に向かうつもりだったこともあり、何としても東京のサポート体制を強化する必要があった。そのためには強いリーダーシップ、交渉力を備えた人間がいなくてはならない。この震災に於けるHOCの存在は、それほど重要な意味を持っていた。本部長に代わって現地へは副本部長クラスが向かった。

潤は、運輸省の栢原をはじめ、政府、関係官庁、漁連等と、フェリーの寄港地やへリの確保、着陸地の選定などを巡って、この後も厳しい折衝を続けた。

湧き上がる力

あれこれ想いを巡らせている間に朝を迎えた川は、重いカラダを段ボールで作った寝床から起こした。頑丈なカラダの節々に痛みが走った。小さく息を吐いて立ち上がり、洗面所に向かった。軽く口の中を漱ぎ顔を洗った。鏡に映った自分の顔は明らかに疲れていた。

仮設事務所は早朝にも関わらずスタッフが忙しく出入りしていた。震災前に出発したトラックが目的の店舗に行き着けず次々にハーバーランドに到着し、その対応に追われていたのだ。川は用意されたパンを摘みながら、今日一日の計画を練った。

「一店舗当たりどれくらいの損失が出ただろうかとか、崩壊によって資産がどうなったかというようなことは、そりゃ頭に浮かびましたよ。私も経営陣の一員ですからね。これはもう大変な金額だろうなと。回復には莫大なコストが掛かるだろうし、企業として大変なことになったなぁというね……。でも目の前の開店に当たっては、お客様に喜んでほしい一心で、利益なんて一切頭になかったですね」

一晩中、衛星回線のファックスを通じてＨＯＣから様々な情報が入っていた。川はまず昨日の整理に取り掛かった。対策本部に寄せられたすべての情報に目を通し、今日一日のスケジュールを組み立て、誰もが一目見て分かるように白板にまとめた。その後、忙しいスタッフを集めて短いミーティングを行った。店の外には食料品などを求めて被災者たちの長い列ができている。また、トラックの数も増えてきた。いつものように腰を落ち着けて意見交換しあう時間はそこにはなかった。

午前七時、川は東京の潤へ電話を入れた。自らの足で集めた情報は、東京からもたらされるマクロ的な情報と相まって、より現実的な展開へと広がった。

「テレビで見てるとこんな状況になってるよ。いまなにを売ってるのって。で、こんなんですよって言うと、それあかん、そんなん売ったってお客さん喜ばないよ。テレビで見てたらこれが欲しいって言ってるよって言われて。東京だから分かることがあるんですよね。だから、ああそうか、分かったというのが何回かありましたもの」

現場で得た情報とＨＯＣで得た情報を組み合わせることで、川の意思決定はスピードを増し、よし今日はこれで行こうという強い力が腹の底から湧き上がった。

朝の時点で、昨日東京や九州から緊急物資を積んで出発したトラックやタンクローリーは、東は明石、西は加古川の辺りで足止めを食い、なかなか神戸市内へ入ることができないでいることが分かった。

応援部隊が動き出す

桃山台のスーパー大学に到着した応援部隊は、翌朝（十八日）の午前五時に起床し、六時には江坂のEOC（江坂オフィスセンター）内にあるSV（スーパーバイザー）本部に全員が入った。桃山台から江坂までは二駅、電車で五分ほどの距離だ。そこで彼らが最初に取り掛かったのは、神戸全店舗に勤める従業員たちの安否確認だった。この日、彼らが得た情報では、怪我をした者は何人かいたが、殆どが無事だった。その後、彼らの一部は神戸に向かった。神戸といっても電車は西宮までしか動いていない。そこでまず西宮店に集まることにした。

西宮店は幸いにも被害を免れていた。彼らが西宮店に到着すると、ＨＯＣの酒井からハーバーランドに向かえという指示が届いていた。向かえと言われても交通の手段がない。いろいろ考えた結果、西宮店で売っている自転車で行くことにした。西宮から三宮までは、ＪＲで約二十分、距離にして二十キロ足らずだが、寸断された道路状況の中を普通に走るのは容易ではなかった。様々な障害物が路上に散乱し、自転車を押して歩くことも多かった。

路上のあちこちで焚き火をしている人たちがいた。倒壊した自宅の前で呆然と立ちつくす人、崩れた家の中から何かを運び出している人、泣きながら語り合う人、膝を抱えてうずくまる人、公衆電話に列をなす人……。家やビルは傾き、潰れ、電線が垂れ下がっている。耳をつんざく消防車や救急車、パトカーのサイレン。焦げたような臭い。埃っぽい空気。応援部隊の男たちが見たものは、まさにカオスだった。東京からの長距離移動でクタクタに疲れ切っていたカラダに、ある者は電流が走り、またある者はアドレナリンが吹き出し、またある者の頭の中は真っ白になった。

昼過ぎに西宮店を出た彼らがハーバーランドに到着したとき、周りはすっかり闇に包まれていた。自転車を降りて仮設事務所に向かう男たちはみな無言だった。彼らは着くなり仮設店舗の販売を手伝い始め、ゴンドラや商品の飛び散った店内の整理に取り掛かった。

翌朝、対策本部に寄せられた情報を元に休む間もなく各店舗の救援に向かった。松本には救援部隊で忘れられない思い出がある。

「私のエリアに来た応援部隊の人たちに、こちらから指示を出していろいろな店に分かれてもらったんです。その中でですね、西神中央店に入ってもらった人で、忘れられない人がいるんですよ。九州から来たチームのリーダーをしていた人なんですが、その人がもの凄く旗振りがうまかったんですね。全体の流れを見ながら閉店のタイミングも自分で決めるんですよ。『もう本部長、決めましたから』って。『ちょっと待ってくれ』と言うと、『ここ見てないでしょ。私が見てますから大丈夫です』ってね。最初は驚きましたが、こちらが文句を言えないほどやることが完璧なんです。それは素晴らしかった。あの人のお陰で、どれだけいろんなことがスムーズに進んだかしれません。みんなグチャグチャになってるときでしょ、本当にありがたかったですね」

日本全国から集められた救援部隊の働きぶりには特筆すべきものがあった。インタビューを通じて誰もが異口同音に語った。彼らの献身的なサポートなしに、あのスピードで各店を復旧させることはできなかっただろうと。

真のニーズを知る

午後に入ると、緊急物資を積んだトラックや水を積んだタンクローリーが続々とハーバーランドに到着し始めた。商品を求める客の列は一向に短くならない。しかも、従業員の多くは出勤できないでいる。手が足らないため、対策本部にいる人員はすべて販売や荷降ろし、水の供給に従事した。並べられた商品はすべて飛ぶように売れ、アッという間に品切れになっていった。タンクローリーの前にも、水を求める人の列が終日絶えなかった。

寒い中、朝早くから並んだ人の中にはグループでまとめ買いし、川たちが市価の半額以下で売った商品を何倍もの価格で転売する者が現れた。後日このことを知らされたスタッフはみな激しい憤りを覚えたが、打つ手がなかった。品切れには、当然のことなから客たちから不満が出たが、スタッフはこの機会を見逃さなかった。チャンスとばかりに一人一人に必要な品物を聞いて回ったのだ。寒さを防ぐために毛布が必要なことまでは分かっても、地面が湿っているため毛布の下に敷くゴザや防水シートが要ることまではなかなか供給する側として思いつかない。そのような生の声、ニーズを知ることができたのは大きな収穫だった。それらをまとめて東京に連絡し、即日発送してもらうようにしたのだ。結果が出るまでには数日を要したが、被災者が必要としている物を確実に用意できるようになった。

この日から暫く、開店時間も閉店時間もなくなった。引きも切らない客に、いま何々を積んだトラックが到着しましたとか、あとどれくらいで何々が入荷しますといった情報を段ボールに書いて見せて回ったり、目につく場所に貼ったりした。これでますます客足が増すことになった。その様子を川が語った。

「最初はね、品切れになろうがなるまいが、お客さんはとにかく並んでるのよね。で、トラックが着いて、そこから降ろされる荷物を見てるわけです。そこで欲しい物があると直ぐに買っていくというような状態だったですね。それが二日目・三日目になると、こちらも予め何が届くか分かるから、品物の到着日時を事前に知らせることができるでしょ。そうすると、それに合わせてお客さんもやってくるわけです。と言っても被災地ですからね、道路状況は相変わらず悪いわけで、こちらが知らせた時間より何時間もトラックの到着が遅れたりするわけですよ。そりゃ、すいません、すいませんですよ。でもね、お客さんは文句も言わずに待ってるんですよ。だから荷物が着いたら店を開けるみたいな感じです。昼も夜中もまったく関係なかったですね」

入金管理も神経を遣う業務だった。停電のためPOSシステムは作動しない。つまり、レジを使うことができない。何とか電卓だけは掻き集め、すべて昔の市場のように現金をカゴに入れるような作業になった。売り上げを収集する保障会社は初日から動き始めたが、なぜか十八日はハーバーランドに来なかった。いや来たのだが、入り口を間違えて閉まっていると勘違いして帰ったのだ。その結果、川は一晩金庫を抱えて過ごすことになった。深夜、川がHOCに怒って電話を掛けてきたと潤は笑って話した。

開店から一両日は、売る側も買う側も、ある意味で成り行き任せの行動だった。その原因は、言うまでもなく被災地のど真ん中で起こった情報の不足と錯綜だったが、図らずもそこで生まれた売り手と買い手の関係は、まさに中内㓛のめざした商いの姿そのものだった。

家族に支えられて

ハーバーランドでの業務が一段落したとき、川は外の店舗を自分の目で確認したくなった。川はこの日から毎日のように店舗やセンターの視察に出掛けたが、その中に印象的な光景があった。

川は最初に名谷店を訪れた。客に紛れて売り場を歩いていると、五、六歳の小さな男の子がリンゴ箱から無心にリンゴを取り出している。川が静かに近づき、「ぼく、そんなことしたらダメだよ」と言うと、隣にいた年老いた男性が慌てて、「いや違うんです。これうちの孫なんです。手伝わせてるんです」と言う。しかし、川はその老人を知らない。ましてやその老人が店員であるはずもない。キツネに摘まれたような顔でしばらく老人を見つめていると、一人の店員が川の元に走って来て、「ちゃうんです、ちゃうんです。これ、僕の親父と息子なんです。人手が足らないんで応援させてたんです」と答えた。

遠方に住む従業員は、震災から暫くは出社が難しかった。そのため、出社できる従業員が自分の両親や兄弟、子どもまでを連れて店の応援をさせていたのだ。

「なんやそうか、お客さんの子供かと思ったから注意したんや、なんや……」と川が言うと、周りのみんなが大声で笑った。川も笑いながら事務所に向かったが、その背中は小さく震えていた。

お盆いっぱいのおにぎり

二日目（十八日）も松本は名谷店から外に出ることはなかった。午前十時の開店と同時にその日もまた多くの客が押し寄せた。昨日の経験から、少なくとも大きなトラブルは起こらないだろうという思いが松本にはあったが、時間の経過と共に、昨日とは違う感覚を覚えた。最初はその原因に気付かなかったが、売り場全体をよくよく眺めていると、客の買うスピードが落ちている。昨日はある物すべて「飛ぶように」という感じで売れていたのが、明らかに客は時間を掛けて商品を見定めている。そのうち、客の間から問い合わせの声が上がり始めた。

「もちろん水やガスボンベといったものはよく出ました。しかしですね、紙おむつやミルクといった赤ちゃん用品を求める声がすごく多かったんですよ。いちばん足りなかったですね。それとまあ肌着とかね。意外と食べるものはあったんです」

確かに行政の食料支援活動は被災から直ぐに始まり、各地の避難所には大量の食料が届けられるようになっていた。名谷店では三日目以降、目に見えておにぎりや弁当、パンといった食料品の売れ行きが落ちた。しかし、赤ん坊や老人用の品物、女性の生理用品といった物が不足していたのだった。水はタンクローリーによる無料供給といったものもあり、飲み水そのものは何とかなった。しかし、排泄や洗濯・洗面等に使う生活用水はないに等しかった。

松本が気を揉んだのは、商品の届けられる時間が不安定なことと、欲しい物とは違う商品が届けられることだった。この問題はその後速やかに改善されたが、目の前で困っている客の姿に触れるとき、その一秒、一分が松本にとっては一日にも一週間にも感じられた。そんな苛立ちから対策本部とのやり取りも、つい強い口調になってしまった。

「多分こちらから電話することが多かったと思いますが、最初のうちはどんなことを話したのかよく覚えていないんですよ。なんかね、殺伐としてたなぁという記憶だけが残っています。どうなった！　とか、こっちでもやってるよ！　とかね。お互いに喧嘩腰ですわ。みんな必死やったですからね」

夜、一段落して事務所に坐っていると、一人の中年女性が大きな風呂敷包みを抱えてやって来た。そして、「みなさんでどうぞ」と言って机の上に置いた。「なんだろう」と思いながら松本がそのヒモを解いてみると何十個ものおにぎりがお盆の上に乗っていた。

「これは……」

「こんな大変なときに、店開けてくれてありがとうございます。ほんまに助かりました。頑張ってくださいね」

松本は喉が詰まり目に涙が溢れた。

「ありがとうございます、ありがとうございます」

それだけ言うのがやっとだった。その女性も目に涙をいっぱい溜めながら一礼して帰って行った。

この日から、名谷店は二十四時間営業を始めた。松本は、三日目に入って初めて名谷店を出て担当エリアの店舗を回り始めた。しかし、地震の発生した朝、松本の目にセピア色に映った街の光景が元の色彩を取り戻すにはまだ長い時間を要した。

気が付けば歩いていた

上高が四十八時間の記憶の中で鮮明に覚えていたのは、徹夜で開店準備に取り掛かり、開店を目前に夢中で働いている自分の姿だった。その後はいきなり線路を歩いている自分になってしまう。東京から三ラインの本部長に帰社命令が出たのが午前中。川からの指示で、少なくとも午後には全員がハーバーランドを出ている。しかし、上高にはそうした経緯がまったく記憶にない。何時に誰と東京に向かったという記憶も消えていた。ただ記憶にあるのは、ハーバーランドの激務と、次に黙々と線路を歩いている自分だった。

三宮から阪急の西宮北口駅まで、二号線をただ黙々と歩いた。ときには線路も歩いた。誰もがそうしていた。上高が驚くほど歩いている人の数は多かった。路上のあちこちで焚き火する人たちがいた。その光景は、テレビや映画で見る戦後の姿そのものだった。歩きながら、上高は自分が神戸を離れる後ろめたさを拭い去れないでいた。

「自分が帰るということは現場を放ってしまうように感じたんです。放ったというか、もちろん会社の命令で交代するんですけどね。やっぱり現場が気になってましたね。現地を見たときから、これはもうずっとここにおらなあかんなという気持ちもあって……。しかしポジション的には全国をやらないといけませんからね。だから東京へ帰らなあかんというのと、まあ気持ち的には板挟みでした。現地で見ている光景がとにかく凄かったでしょ。まるで戦後の状態やったから。とにかく被災者の皆さんが困らないようにせなあかんと思ってましたからね。歩きながら、昔親父から聞いた戦争時分の話をずっと思い出してました。三宮から西宮北口まで距離は結構あるんですけど、そんなんまったく感じませんでしたね」

上高は西宮北口から梅田経由で新大阪に入り、そこから新幹線で帰京した。途中の十三には実家があったが寄らなかった。家族の安否は妻とのやり取りで知っていたが、十三駅を電車が通過したことすら気が付かなかった。そのとき、実家のことは頭の片隅にもなかったと言う。

十七日に出社して直ぐに神戸に入り、液状化の中をドロドロになりながら歩き、ハーバーランドでは徹夜で作業し、早朝から開店に備えた。店が開くと押し寄せる人の対応。着の身着のまま、気が付いたら東京に帰り着いていた。上高には、新幹線の中の記憶もない。どうやって佐倉の自宅に戻ったかも覚えていない。ただ……。

「東京へ帰ってからも、ずっと神戸のことが頭に焼き付いてまして、頭から離れないんですよ。ハーバーランドで並んではったお客さんですとか、歩きながら見た光景とかね。道路や線路を数珠繋ぎで歩いてる人の疲れた顔。道路の側で焚き火をしてはった姿。寝るところないわけでしょ。そういったもの一つ一つがもの凄く強烈でしたよね」

神戸に入ってからの二日間は、それからの上高を大きく変えた。働く、商売するという概念の中に、人間、命というものの占める割合が大きく広がった。

天国と地獄

岩谷は大原と共に午後一時過ぎにハーバーランドを出た。岩谷はもう一人いたかもしれないと言ったが、ついに思い出せなかった。彼らは会社が用意したハイヤーで伊丹空港へと向かった。午後八時過ぎの最終便に乗ることになっていた。会社の判断として、最終便までには伊丹に到着できると読んでいたのだ。しかし間に合わなかった。

岩谷たちは飛行機が飛び立つ時間にまだ西宮にいた。大渋滞という表現を超えて、道路は駐車場と化していた。とにかく前に進まない。彼らは西宮まで車に乗っていたわけではない。これでは間に合わないと判断して、夙川で車を降り線路伝いに歩き始めた。途中、絶対に間に合わないと判断して携帯から予約の変更を行った。その結果、西宮に着いたのが午後8時過ぎだった。

二人は急遽予定を変更し、その夜はそれぞれの自宅に泊まることにした。岩谷の実家は千里、大原の実家は豊中で、比較的伊丹には近いエリアにあった。岩谷は十三で大原と別れたが、十三駅から見た街の光景にしばし目が釘付けになった。煌めくネオン、人々の明るい顔……。いま自分がどこにいるのか一瞬分からなくなった。十三から西宮まで電車に乗るとわずか十五分足らず。その向こうはいまこの瞬間地獄の真っ只中にある。しかし、岩谷がいま立っている場所はまるで何もかもが普通なのだ。いや、その普通が天国にも見えた。わずか十五分離れただけなのに……。岩谷は気持ちを整理できないまま母の住む千里に向かった。

実家の玄関を潜ると、そこには震災のショックから立ち直れないままの母親がいた。何も手につかない様子だった。

「高齢ですし、一人住まいですからね、帰ってやれてよかったなあと思いました。顔を見てホッとしました。何しろ安心させないといけませんからね。母親はもう力が抜けてまして、家の中は殆どが手付かずでした。確かに、気の動転している七十七才の老人一人ではとてもできることではなかったですね。任せとけ、俺が全部直したるからって言って、早速部屋の整理を始めたんです」

岩谷は、部屋を片づけながら思わぬ老人の智恵、用心深さを垣間見た。岩谷の母親は、食器棚やタンスなど、扉のある物すべてのノブの部分を普段からゴムで留めていたのだ。そのため、中の食器類がまったく外に飛び出しておらず、部屋の中での動くスペースが予想以上に確保されていた。そのため、岩谷は意外に早く整理し終えることができた。殆ど元の状態に戻った部屋で二人は熱いお茶を啜った。「助かったわ」という年老いた母の顔を見て、岩谷はそれまでずっと忘れていた眠気を覚えた。

岩谷と大原は、翌朝一番の便で東京に戻り、九時過ぎにはＨＯＣで潤たち対策本部のメンバーに状況報告を行い、その後直ちに引き継ぎ業務に移った。岩谷は一度東京へ戻ったものの、二十二日には潤と共に再び神戸に向かうことになる。

人形はないんか

永田が後にハーバーランドのスタッフから聞いた話である。震災から二日目だったか、三日目だったか定かではない。

夜も更けた仮設店舗の中でスタッフが次々にやってくる客の対応に追われているとき、一人の老人が売り場の中を見回しながら何度も行き来していた。その表情はどことなく暗く悲しみに満ちていた。そんな老人に不審を抱いたスタッフの一人が声を掛けた。

「何をお探しですか」

少し口ごもった老人がしゃがれた声で尋ねた。

「人形はないんか」

「えっ、人形ですか」

「せや、人形探してるんや」

「すいません、そういうのはないんですよ」

「そうかぁ」と力無く言って老人は溜息をついた。

事の真意が分からないスタッフは軽い気持ちで聞き返した。

「なんで人形なんかいるんですか」

すると老人は、喉の奥から絞り出すような声で答えた。

「孫が死んだ。家潰れて何にもあれへん。せめて人形でもあったら棺桶に入れてやりたいと思てな……」

その後に何かを言いかけたが言葉にならず、諦めて老人は帰ろうとした。そのとき、対応したスタッフが老人の肩を叩いて引き留めた。

「おじいちゃん、ちょっと待ってね。ちょっとだけ待っててや」

そう言うと何人かのスタッフに声を掛け、一緒に店の奥に走り去っていった。そして、十五分程で戻って来ると、

「こんなんでよかったらお孫さんに……」

それはスポーツ用品売り場の陳列棚にディスプレイとして飾られていた小さな人形だった。電気のない、しかもヒビの入った真っ暗なフロアを手分けして探し出したのだ。老人は驚いた顔で、渡された人形を拝むように掌で包み、スタッフに震える声で礼を言った。

「おおきに、おおきに」

そこにいたスタッフたちは次に掛ける言葉を見付けられず、ただ小さく頷きながら老人と一緒に涙を流した。やがて老人は、客でごった返す店内を俯いたまま静かに帰って行った。普段なら誰も気に留めない小さなディスプレイ人形を宝物のように抱いて。

パトカーの先導

十八日の深夜、南港に着いたフェリーから神戸に向かうトラックとタンクローリーが降ろされた。その数七台。水や食料を満載した輸送車は、府警の先導するパトカーの後を走り出した。幹線道路を行く異様な光景を、神戸とはまるで状況の違う大阪の人たちが驚いて見つめた。遮るもののない中をコンボイは順調に走り、西宮で先導が県警にバトンタッチされた。トラックに同乗したスタッフの一人が、神戸のセンターへ車で移動中の永田に連絡を入れた。

「僕は実況で聞きましたから。本当にもうビックリしましたよ。給水車にスタッフが乗って、九州から来たんですよ、ドライバーと一緒に。いま府警のパトカーが先導してますって。パトカーのサイレンが電話の向こうで鳴っとるの、ワンワンワンって。信じられへんかった、ほんまに」

東京の竹下もまたこの件に掛かり切りになって朝を迎えた。

府警、県警のこうした異例とも思えるサポートは、言うまでもなくこの震災の重大さを物語っている。大都市を襲った史上希に見る大惨事。それは、民間・行政をも一つにする、まさに極限的な出来事だったのだ。官と民の関係が信頼と人情を伴ったとき、庶民にとってその恩恵は計り知れないものになる。ダイエーの店舗を訪れた被災者たちの姿が、そのことを雄弁に語っていた。

もう使えません

永田は一人、神戸ディストリビューションセンターへ車で向かった。時刻は十八日の午後九時を回っていた。被災地に入って二日、改めてセンターの早期復旧が不可欠に思えた。センター長からの話を聞く限りまったくの機能不全とは思えなかった。だからその様子を早く自分の目で確かめたかったのだ。ところが幹線道路に出たとたん大渋滞にはまってしまった。目的地をめざした車が列を成したまま、ただ時間だけが空しく過ぎていく。その横を緊急自動車が激しくサイレンを鳴らしながら通り過ぎた。震災前ならわずか十五分もあれば着く距離である。その中を四時間掛かって永田はセンターに到着した。

センターに入ると、数名の連絡係を除いてスタッフはみなグッタリと横になっていた。疲れ切っている様子が永田の目にもハッキリと伝わってきた。永田はスタッフ一人一人に労いの言葉を掛けながら、早速センター全体の調査を始めた。全部で四棟ある内、二棟の状態が深刻だった。その様子を目の当たりにして、永田は体内からエネルギーが抜け落ちていくのを感じた。

「二階部分がもう全壊、壊滅ですよ。そこは保管倉庫になってるんです。ラックや大きなパレットがもう二棟ともドワーッと全部倒れてるわけですよ。みんな積み重なってしまってるわけやから、それを一旦すべて外に出さないといけないでしょ。まずそれを片付けないかんということ。しかし、それを整理するだけの人手がないんです。もうどうしようもないという感じでした。スタッフもそりゃグッタリしますわね。それから下のソーター（仕分け機）も止まってるんだけど、たぶん激しい揺れで故障したんやろね。こらしばらく神戸は使えんな、無理やなと判断しました。あの時点で復旧には数ヶ月は掛かると思いましたね。そこで、神戸はもう諦めて周りのセンターで攻めようということになったんです」

永田は二時間程でセンターの調査を済ませ、再び大渋滞の中へ飛び込んでいった。すっかり陽が昇り、対策本部へ帰った永田は川に言った。

「神戸はもう使えません」

神戸にある四ヶ所のセンターの中で、神戸ディストリビューションセンター以外の配送センターは、対応次第で機能回復できる余地があった。幸運にも大阪の茨木ディストリビューションセンターはほとんど無傷だったため、ここを中心に今後のすべての配送計画が立てられることになった。

街の明かりを消したらあかん

ヘリに乗ったメンバーの内、岩谷、上高、大原、東原は十八日に神戸を離れ、残されたメンバーは二日目の終わらない夜を迎えた。竹下は時計が午前零時を回って十九日を迎えた頃、ヘリの着陸場所を巡って関係機関と厳しい交渉を続けていた。ハーバーランドをはじめ、開店できた店舗はすべて十八日以降二十四時間体制の営業となった。東京、神戸のスタッフを問わず、誰もがいつ寝ていつ起きたか分からない日々を過ごした。そして、混乱した物流ルートは時間の経過と共に徐々に秩序を取り戻していった。

震災から三日目の十九日、中内切がチャーターしたヘリで神戸に入った。降り立った場所は、ハーバーランド近くの空き地。次々といろんな会社のヘリが離着陸を繰り返していた。震災による緊急措置として造られたのではないかと永田は言った。

永田と川の二人が切を出迎えた。二人とも細かい部分は記憶から遠のいていたが、永田の運転する車を降りた切の、全壊した十九店を仰ぎ見る姿だけは強く印象に残ったと言う。その様子を短い言葉で川が語った。

「言葉は少なかった。少なかったね。それだけショックだったんでしょう」

切もまたこの日から各店舗の調査と応援に忙しい日々を過ごすことになった。切の元気な姿を見た各店のスタッフは癒され、復興への勇気と活力を得た。

潤が神戸に入ったのは二十二日だった。それによって現地の隊長を川と交代し、川は東京に戻った。潤の到着後、現地対策本部はハーバーランドから三宮駅前のプランタンに移された。潤が神戸に着いて一時帰京するまでの一週間、それはまさに全店舗の復旧を賭けた最初の闘いとなった。潤から時に激しい言葉も発せられたが、スタッフは誰一人として怯まなかった。彼らの目には、明日のダイエーしか見えていなかったからに違いない。

震災当日からダイエーとローソンは、できる限り店を開けた。倒壊した店は、軒先で商売を始めた。彼らが用意した商品は被災者にとってなくてはならないものばかりだった。地震による停電は当初二百六十万軒に及んだが、七十二時間後には十一万軒に減少した。ダイエーは電力の復旧から直ぐに各店舗の照明を二十四時間点灯し、被災者に復興へのエールを送り続けた。

彼らの四十八時間は、その後の何千・何万時間のほんの一部でしかなかった。しかし、この短い時間に凝縮された思いと行動、その意味するものは大きかった。

長蛇の列が続くハーバーランド店前（1995.1）

震災を通して

国のバックアップがあったから僕たちは動けた　中内　潤

あのときは、ありとあらゆるところへ連絡して、ありとあらゆる手を考えましたね。漁連とか……。ようあんなん気がついたと思いますけどね。いずれにしても、二度と体験したくないというか、起こっちゃいけないよね。

ネットワークね、そう人の繋がりです。本当に助けていただきました。全然知らない人や、一度も顔合わせたことのない人からもね。それと従業員の家族の皆さん。一家総出で協力してくれたでしょ。お客さんだってそうですよ。店に届いた荷物の積み降ろしを手伝ってくれて、その後買って帰るんですよ。ああいうのって、本当にありがたいと思うんです。

そう言えばね、テレビ局にお願いしたことがあります。震災当時、燃えてる現場をずっと放送していたでしょ。ところがね、時間が経ってもずっと同じものが流れているわけです。こっちからしたら、その映像が現在なのか何時間も前のものなのかサッパリ分からない。そこで局に「これ現在のものなの?」って問い合わせると「いや違います」なんてなるわけですよ。そこで、何日・何時・何分の映像なのかを画面に入れてくれと。いまでこそ「ＬＩＶＥ」って入るじゃないですか。あれはうちが言ってからじゃないかな。

行政には、一言で言うと助けてもらったね。もの凄く助けてもらった。国が何もしないってよく言うけど、僕は違うと思います。いろんなことをしてくれたからね。ただ、あのときは最初司令塔がハッキリしなかった。でもね、栢原さんや星野さんといった人が現れたら、ちゃんと動くようになったわけですよね。港湾局、農水、郵政、総務庁、国土庁、防衛庁、警察、消防もみんなそうでした。力のある人がガガッと指令を出したらパッと動くんですよ。それだけの力が国や行政にはあるんですね。当時のダイエーにしても、結局国のバックアップがあったからあのような動きができたわけで、ダイエーだけだったら難しかったでしょうね。

うちの強みとしては、災害時の対応に経験値が伴っていたことでしょう。それまでに釧路や雲仙といった、幾つかの災害経験がありましたからね。かなりそういった過去の対応が神戸のときに生きたんですよ。それがなかったら右往左往で終わってたかもしれない。

それとね、店の新規オープンのときに人をさばくプロがいるんですよ。人が雪崩込んでパニックになったらいけないでしょ。それの専門家を神戸に送り込んだんです。何か起こったときに「どうしましょう」なんて言ってられないしね。その場で判断しなきゃいけないわけです。そういう意味では、川さんはじめ、みんなよくやってくれたと思います。

これは傍から見て思ったことなんですけど、物流は素人がやるとえらいことになるっていうこと。例えば当時の神戸市ですね。いろんな支援物資が全国から山のように送られてくるわけですよ。それを片っ端から倉庫に突っ込んでいく。僕らからすると、それどうやって出すのってなるわけです。あのときは、神戸もまさかあんなことになるなんて想像もしてなかったから致し方ないと思いますけど、下手するとせっかくの物資を台無しにしてしまいますからね。

震災時の人の行動という意味では、うちのスタッフを通じていい勉強をしました。ああいうときって、こっちの質問に対して自分がいまやってることを答えるんですね。「どうなってるの」とこっちは地震の状況を尋ねているのに、「いまタンス押さえていますす」とか、「メガネ探してます」とか、極端なのは「いま地震です」なんてね。やはり、極限的な状況に遭遇すると人は誰でも視野が狭くなるってことなんでしょうね。聞いてる方も訳が分からなくてカッカするけど、本人たちも必死ですからね。いやー、僕らも気を付けないとね。

僕が神戸に行って一週間後に一旦東京へ戻ったんですが、凄く疲れていたから帰りの新幹線で寝られると思ったの。でもね、全然眠れないんですよ。家に帰ってもそれが続きましたね。一週間以上、とにかく寝られない。かと言って朦朧としているわけでもないんです。やはりショックが残ってたんですかね。

いま改めて振り返って、あのときは冷静でいたつもりなんですが、やはり冷静じゃなかったのかもしれません。いまなら、あれもできる、これもできるっていう考えが浮かびますからね。

危機をテコにもっともっと生きる　川一男

十九店をはじめ全壊や倒壊した店については、やはり復旧についてあれこれ考えました。同じ場所で建て直すのがいいのか、或いはまったく新たな場所に新たな姿で建設する方がいいのかとね。特に十九店は、言わば発祥の地であり、我々にとってはその店ありきなんですね。確かに時代の移り変わりというか、十九店を取り巻く環境や時代背景といったものは随分変わりました。だから、思い切ってすべてを刷新した方がいいのかなとも。

会社は私にとってすべてでした。会社と家の区別がないといったら語弊があるかもしれませんが、会社も我が家と同じだったんですよ。あるときは先生であったり、またあるときは親のようでもあったり。その中で学び、そして成長させてもらいましたからね。だからあのような局面でも我が身を粉にして働けたんでしょう。

流通経路の確保という意味では、当時の行政に対していろんな思いがあります。もし彼らがインフラをきちんと理解していたら、神戸市街から遠く離れた六甲山中や大阪の八尾にヘリを着けなさいなんていう命令は決して出せないはずです。そんな場所にヘリが降りたって神戸の街に入れないんだから。国や行政は緊急措置としてもっとフレキシブルに対応する必要があったんじゃないでしょうか。学校の校庭や広い公園、その他着陸可能な場所は幾らでもあったと思いますよ。

それと全国から送られてくる支援物資。庁舎の前に積み上げられているのを見たときにね、あれいつ誰に配るんだろうと思いましたね。どうしていつまでも山積みにしているのか。直ぐに配ってあげたらいいのになって。いらなくなったときに配っても仕方ないじゃない。いくら真冬とはいえ、日持ちのしない品物も中にはあるはずですからね。でもね、神戸市も困ったんだろうね。あれほどの大地震が来るとは思ってもいなかっただろうし、事前対策も充分ではなかったはずですからね。確かに、急に配るといってもそう簡単にはいかないよね。困った方は取りに来てくださいと呼び掛けてもパニックになるだろうし……。タダで沢山持って行って売りつける者が出るかもしれない。うちでもあったからね。十人、二十人の仲間を並ばせて安く買ったボンベなんかを倍の値段で売り歩いてる者がいたからね。いずれにしても、日本人はみな地震列島に暮らしているわけだから、国や地方行政はすべて、常日頃からしっかりとした対策マニュアルを作っておく必要があると思います。

世の中生きている限りリスクがついて回るわけだし、危機に直面して自分が駄目になるのではなく、それをテコにもっともっと生きる。余裕を持って乗り切らなきゃいけない。その余裕っていうのは蓄えですから。知識の蓄えや経済的蓄えも必要でしょう。それと、いざというときに支援がいただけるような蓄えというか、人間関係をつくっておかなきゃいけませんね。災害は時と場所を選びません。そのことをしっかりと認識して、仕事をしなきゃいけないなと思います。

強く心に残ったお客様の「ありがとう」　岩谷　堯

僕の部で言うなら、応援部隊のスタッフたちは本当によくやってくれたと思います。文句を言うどころか、非常にみんな積極的・献身的に働いてくれました。彼らが倒壊した店舗やセンターへサポートのために乗り込んで行ったことで、現地のスタッフたちはどれほど勇気づけられたでしょうか。全国の応援部隊に心から敬意を表したいと思いますね。

災害に限りませんが、日々の仕事に徹底したリスクマネジメントが必要だとつくづく思い知らされました。これは国や行政だけでなく個人レベルでもね。企業で言うなら、物流センターなんかは、一ケ所に集中させるのは危険ですね。分散しておく必要がある。要するにバックアップ体制を整えておかなければいけませんね。

僕がこの震災で最も強く心に残っているのは、たくさんのお客様から「ありがとう」って言われたことです。商売の原点を見たというか、教えられたといいますか、本来なら普段からそう言っていただけるように頑張らなきゃいけないわけですよ。あの大変な状況の中で、僕たちは利益を度外視して必死に被災者の皆さんの役に立つことを考えたわけです。あのとき、お客様は本当に助かったんだと思います。それが「ありがとう」という言葉になったんですよ。豊かな時代になったらそれでいいんじゃなく、その時代の中でさらに「ありがとう」とお客さんに言っていただけるよう努力しなければいけないと。そのためにも、自分たちの事業価値、仕事の価値というものをしっかりと認識しなければいけませんね。

言葉にできないほどの思い出が詰まっている　亀山博光

僕の立場では、メインは人の問題ですよね。従業員の問題とかね。地区労の問題だとか、組合のね。ある店は何ヶ月間か閉鎖になりましたから。当然のことながらパートさんたちの雇用の問題が出てきます。その対応は大変というか、いろいろありました。双方にとってのベストを見出すのはなかなか難しいですが、ベターは得られたんじゃないでしょうか。

十九店についてては、それはやはりね、僕にとっては特別な思いがあるんですよ。僕が入社して最初に働いたのが十九店ですから。パンの担当をしましてね。当時は食パンの入れ物が木の箱ですよ。それを台車に二列に乗せて、驚くほど高く積んで倉庫から店に運ぶわけです。ところがね、売り場に着くまでにお客さんがどんどん買うもんだから、箱の中は直ぐにカラですよ。社会人として第一歩を踏み出した僕にとっての原点ですし、あそこには言葉にできないほどの思い出が詰まっているんです。それが潰れてしまったというのは辛かったですね。

僕と同じような思いを抱いた人は沢山いたと思いますが、そんな中で神戸に向かった人たちは本当に素晴らしい働きをしたと思います。連携も凄かったしね。川さんに代表されるように、自分の家族も被災して大変だったわけですけど、それを省みず一生懸命復興に携わった。それはやはり「すべてはお客様のために」という中内イズムでしょうね。それが浸透していたからこそできたことだと思いますよ。少なくとも私の耳に社員の不平不満はまったく届いてこなかったですからね。

いま思えば、もの凄く不幸な出来事だったわけですが、その不幸に対して全身全霊でぶつかり再生に尽力したという各人の達成感というか充実感は、言葉にならないほど大きかったと思いますよ。

自然に一本の矢になっていた　上高正典

本来なら自分の家を優先しますよね。自分たちの家族だって実際に被災しているわけですから。しかし、誰もそうしなかった。頭の片隅にはあったのかもしれませんが、目の前の状況がそれすら忘れさせたのかもしれません。とにかく早くお客さんに対応しよう、最優先しようということしか僕の頭には浮かばなかったですね。その思いは他のスタッフも一緒だったと思います。だから自然に同志的な気持ちが湧き上がりました。みんなを見ていると力が湧いてくる感じで、会社としては大変大きなダメージを受けたわけですけど、不思議と将来に対する不安は感じませんでした。

実務的なことで言いますと、国の動きですかね。我が社の動きとは正反対といいますか、柔軟性がないんです。目の前に危機的状況があるのに机上論を言ってくる。優先事項が本当に分かっているんかいなと……。我が社はこれまで、いろんな意味で規制に挑戦してきた歴史がありますから、我々の立場で国や行政の動きを見ると非常にまどろっこしく感じました。法律や条例も大切ですけど、それよりも大切なのは被災者じゃないのかと。

あの大惨事の中で、私たちがどこよりも早く行動できたのは理念があったからだと思いますよ。理念と言いますか、精神と言ってもいい。それが社員に浸透していたから、神戸の震災のような場面で一気に行動となって現れたんだと思います。我々は自然に一本の矢になっていましたからね。

徹底して冷静を貫く　竹下晴美

あの大災害の中で、初日から店を開け、電力の復旧と同時に店舗の明かりを二十四時間点けたということが、被災地と被災者の皆さんにとって少なからぬ安心に繋がったと思います。ローソンの明かりを見ることで、凄く落ち着いたという声を後になって沢山頂きました。当初より、市や県の方からも強く求められていましたからね。その要請に応えることができてよかったです。逆に、市や県の皆さんもいろいろ協力してくれました。ぶつかり合いもありましたけど、お互いに相手の気持ちになってやれた、或いはやろうと誰もが努力したのが神戸のときの対応だったかなと……。

私たちには緊急事態に即応できる商品力がありました。そして何よりもすべてに亘って初動が早かったんです。トラックとかフェリーとかヘリコプターとか、全部早かったからあのような動きが初日からできた。これがちょっとでも遅れていたらダメだったでしょうね。道路だって渋滞でもう入れなかっただろうし、バスやタンクローリーだって確保できなかったと思います。そういった意味では、やっぱりトップマネジメントですね。あのときで言えば潤さんや川さんになりますが、彼らの判断が凄く早かった。しかもスタッフを信じて、永田とか僕なんかにも任せてくれた。判断が早い、任せてくれる、確認する、ジャッジする……、このスピードがあったからあのような対応が可能になったんですね。

僕は二十三日に神戸に入ったんですが、対策本部が三宮に移ったときに荷物を台車で運んでたんですよ。そしたら後ろで誰かが「君、そんな運び方したら荷物が落ちるでしょう」って言ってる。誰やと思って振り返るとCEOや。中内切さんですわ。崩れかけた荷物を押さえてるのね。ほんまにビックリしましたよ。まさかそんなところに切さんがいるなんて思わないじゃないですか。道路の真ん中ですよ。凄い人やなって思いましたね。

連携ということで言いますとね、こっち、つまり現地に指示を出す側は常に冷静じゃないといけませんね。すべてに対して冷静に判断し、冷静に対応しなきゃいけないということを強く感じました。あの状況の中ではみんなが興奮してるんです。とくに現地のスタッフはイライラしているわけですよ。一度ね、川さんと電話で話しているとき、こっちは極力冷静にと思ってトーンを落として話すじゃないですか。そうしたら、「おまえは、どんだけこっちのことが分かっとるんや。そこに坐って指示出しとるだけやないか」って思いっ切り怒鳴られました。そうなるとこっちも頭にくるわけですよ。しかし、それじゃだめなんですね。やはり徹底して冷静さを貫く、それが正しい判断を生むんですね。

あの震災で痛烈に思い知らされたのは情報の重要性です。情報ひとつで安心もすれば混乱もする。あのときは本当に情報が錯綜しました。何が正しくて、何が間違っているのか、まったく分からなくなったんです。早く正しい情報を流すというのも、やはり急場凌ぎではどうにもなりません。常日頃からの備え、訓練があって初めてできるんですよ。あの日以来、ぼくは自分の作成した書類やチェックした書類にはすべて右上に、日時とサインをする癖がつきました。小さなことなんですけど、それが緊急時には生きることを肌で感じましたからね。

すべてを捨てることも必要だ　永田孝司

地震発生から極めて早い段階で神戸に入ることができた最大の要因はヘリの確保だと思います。仕事を通して僕がヘリ会社を以前から知っていたことと、実際に試乗していろんなデータを持っていたのが大きかったですね。例えば、搭載量、搭乗人員、航続距離といったものです。物資の到着も、あの状況を考えれば非常に早かったと思います。どこよりも早かったんじゃないですか。理由は簡単で、初動が早かったからですね。地震発生から間髪入れずに中部、関東から要員や商品を送りましたからね。「道路が混むし時間がかかるが、いま出発することで少しでも早く到着する、出発しないといつまでも到着はしない」というのが持論なんですよ。

本社の対策本部が早い段階で立ち上がった理由の一つとして、それ以前の長崎水害、東北や北海道で起こった地震で救援物資供給の実体験があったからだと思います。もう一つは、物流部長として日頃から部下に命じていたことなんですが、全国震度四以上については二十四時間、そのエリアの物流センターや店舗状況を確認し続けるということ。それが神戸の震災時にスムーズな体の動きになったんじゃないでしょうか。

神戸の震災でいきなり脚光を浴びましたが、ライフラインという言葉があるでしょ。電気、水道、ガス、電話なんかのことですが、僕はそれだけじゃなく、販売も大事なライフラインだと思うんですよ。神戸に入られた中内㓛さんの仰ったことですけど、「タダで配るのは国の仕事だ、我々小売は店を開けていつもの値段で販売し続け安心感を与えることが使命だ」と我々の前で言われたんです。つまり、プロとしてライフラインを守れということでしょ。あのときは、ほんまに使命感みたいなものを感じましたし、この会社にいてよかったと思いましたね。

僕らが店を開けるに当たって、いろんな人、関係各社にお世話になったんですが、その中でも地方からハーバーランドに荷物を積んで到着したトラックのドライバーにはいまでも頭が上がりません。荷物を降ろしたら普通は帰るわけですよ。しかし、当時は彼らに帰られたら神戸の各店舗に運搬する手段がなくなるわけです。そこで、何とかそのまま残ってくれってお願いしたんです。「本当に申し訳ないが○○店にこれから行ってもらえないか」ということで。ドライバーの方たちは「そんなの聞いていない」「何十時間もかけて来たのにまだ走らせるのか」「何も食べていない」となるわけです。こっちも必死ですわ。ラーメンやおにぎりを出してね、もう何度も頭下げるんです。そしたら、「あんたらも大変やな。分かったわ、行ったろ」って協力してくれたんです。彼らの心意気にはいまでも感謝しています。

それはタンクローリーのドライバーにも共通して言えることです。九州からハーバーランドに派遣された飲料メーカーのタンクローリーは、お客様に給水をして非常に喜ばれたんです。ドライバーにとっては大変な作業なのに労を惜しまずに給水を続けてくれたんです。給水車は二トン程度ですけどタンクローリーは二十トンもありましてね、重宝がられた為、その後もドライバーには三、四日滞在していただいたんです。その間、空になったら取水して継続したんですよ。水はほんまにみんな困りましたからね。被災者の方々も嬉しかったと思いますよ。

最後に物流センターの倒壊から学んだことを話したいと思います。あの震災で神戸地区の主力センターだった神戸流通センター（深江）、魚崎センター（魚崎）、ポートアイランドセンター（ポートアイランド内）の三つのセンターが、直接の被害と埋立地にあったことで、橋が被害を受けて使用できなくなったんですね。それでハーバーランドを臨時の物流拠点として応急的に使用したんです。しかし、本格的に供給物流が増加するとマヒすることが現地対策本部で分かったんですよ。ハーバーランドは情報収集基地としては有効だったんですが、震災の真ん中での物流拠点としては適切でなかったんです。そこで早い段階から大阪のセンター（茨木、堺）を転用したんです。あれは適切な判断やったと思いますね。この経験によってですね、震災時は周りのセンターを拠点として商品の集積を実施し、現地対策本部には店舗情報が有効に収集できる部隊をいち早く送り込むことが重要なんやと思いました。また、物流施設のいち早い復旧の為には修理・整理するより、「すべてを棄てる」ことも必要だと思いました。潤さんの指示で神戸センターのパレットラックは修理をせず、すべてを破損商品と合わせて廃棄して新品を設置したため、早い段階で機能を取り戻すことができましたからね。

お客さんと泣きながら呑みました　松本博史

神戸の震災ではいろんなことを学びましたし教えられました。あの震災で、いちばん先に復旧したライフラインは電気でした。最も困ったのは水ですね。飲料水はあるんですよ。トイレやシャワーに使う水。これにはほんまに困りました。トイレの水が流れないというのは大変なことですからね。被災地のみなさんも苦労したと思いますよ。そんな中で、うちが給水車を使って無料で水を供給できたのは意味があったんじゃないでしょうか。

通信手段も震災直後は混乱しましたね。携帯も駄目でしょ。公衆電話にしても、確かに使えますけど、もの凄い列ができてるわけですよ。何時間も並ばないといけないし、十円玉がいっぱいになって詰まったら終わりですからね。緊急時の通信手段について、国や行政はもっと対策を事前に立てておく必要があるんじゃないですかね。

店のことで言うと、責任者はなるべく店の近くに住む方がいいですね。何が起こるか分からない世の中ですからね。メンテナンス担当にも言えますね。常日頃から不測の事態に備える姿勢が必要だと思います。

我が社は震災当日から店を開けたわけですけど、それが被災者の皆さんに与えた安心感は計り知れないものがあったと思います。それと、緊急時の顧客ニーズはもの凄い早さで変化するということを肌で感じました。被災地の状況は日一日と変わります。

それに合わせて必要とされる商品もどんどん変わるんです。それを知らないで商品を揃えても、被災者にとっては無価値なんですよ。ですから、緊急時の組織編成というか意思決定は、できるだけ現場に任せる方がいいと思います。中央からの指示は短く、現場から中央への報告は最小に、というのが僕の感じたことです。

これは震災から数日経った日のことなんですけど、僕が板宿店近くの商店街を歩いていましたら、酒屋の立ち飲み客数名から大きな声が聞こえてきたんです。耳を傾けると、「ダイエーがあったから助かった」と話してるんですよ。僕はもう嬉しくなってその店に入ったんです。そして、「実は僕、ダイエーの人間です」と言うと、「ありがとう、ありがとう」ってもうえらい感謝されて、もう泣いてしまいました。そんなお客さんと一緒になって、ピーナッツとスルメを肴に飲んだことも思い出されます。

中内切さんもそうでしたけど、大きな事故や災害のときほど、最高責任者は現場に顔を見せることが大切だと思います。そのことで社員のモチベーションが高まりますからね。

Ⅱ 流通と震災 資料編

本編においては、震災発生からの四十八時間に焦点を絞り、ダイエーの震災対策本部の活動を描いている。資料編ではまず、震災後数日間の対応を政府の対策本部とダイエーの対策本部との比較表として示した。また、震災発生後の一月十七日より一月末までのダイエーの物流対応について、救援物資の神戸への流れをタイムテーブルとしてまとめている。海上輸送を中心とした具体的なルートと当時最も必要とされた生活物資の内容が日を追って確認できるはずである。また、生活実感あふれる消費者の生の「声」として、雑誌『オレンジページ』に寄せられた投稿の何篇かを収録した。

以上はダイエーの動きに即した資料であるが、この大震災についての再認識をはかるために震災の規模、被害概要、必要物資の推移等の一覧を付した。

さらに地震の基礎用語、阪神・淡路大震災後になされた「災害対策基本法」の主な改正概要を一覧にし、最後に震災後六十日間の神戸のライフラインの状況についての歩みをまとめた。本文と併せて参照されたい。

◎地震発生からの対応

	ダイエー	政府
17日	05:50　東京本社に地震発生第1報 06:00　中内社長テレビで発生知る 07:00　本社に地震対策本部設置 10:45　対策本部メンバー、ヘリコプターで神戸に出発 12:00　東京270人、福岡250人の応援部隊出発 14:00　兵庫の22店舗営業開始	07:30　首相、秘書官から連絡受ける 10:04　閣議開始　国土庁「平成7年兵庫県南部地震非常災害対策本部」設置 16:00　首相緊急会見「万全の対策期したい」
18日	05:00　店舗一部復旧始まる 07:30　店舗オープン 12:00　フェリーの物資、店舗到着	06:00　陸上自衛隊2300人救助活動開始 11:40　海上自衛隊、阪神基地に食料空輸 12:40　与党3党首協議、仮設住宅建設、自衛隊16000人派遣決定
19日	午前　兵庫の47店舗中36店舗が営業 370人の追加派遣決定 午後　中内社長、現地入り	午後　村山首相、神戸市に到着 首相を本部長とする「兵庫県南部地震緊急対策本部」設置
20日	午前　フェリー、ヘリ輸送続く	午後　気象庁、震度7判定
21日	午前　大雨の天気予報で雨具供給 午後　41店舗の閉店を22時に延長	午後　緊急対策本部第2回会合
22日 23日 24日	タンクローリーで飲料水を無料配布	緊急対策本部第3回会合 衆院代表質問 緊急対策本部第4回会合

阪神大震災　物流対応ドキュメント①

1月17日（火）

5：46　地震発生
（震源地：淡路島20km。マグニチュード7.2）

7：00　災害対策本部設置（HOC）

10：45　各本部責任者現地へ出発
※ヘリコプター2台

13：00　HOC応援者（270名）現地へ出発［物資共］
※バス8台手配→1／17夜～1／18早朝SP到着
→現地各所配備

15：00　現地対策本部設置（神戸ハーバーランド）
新門司→南港フェリー利用調整

◎緊急物資対応

発基地	緊急物資	車輌数	ルート
福岡	コンロ、ボンベ、おにぎり	11t 2台	フェリー
福岡	SVおいしい水	11t 2台	フェリー
福岡	給水車	2台	フェリー
福岡	給水車	1台	陸路
八千代	ティッシュ、ポリ袋	11t 3台	陸路
厚木	コンロ、ボンベ、電池、陶器	11t 2台	陸路
名古屋	生活用品、防寒服	11t 1台	陸路
		4t 1台	陸路
羽村	おにぎり、いなり	11t 1台	陸路
福岡	おにぎり	4t 1台	陸路
福岡	水	11t 1台	陸路

※神戸、PI、魚崎、深江各DC稼動不可の為、店供給ルート変更

［フーズ（ドライグロサリー含む）］
取引先他DC → 茨木食品センター → 店

［ソフト、ハード］
取引先他DC → 大阪集配大阪家具 → 店

※沖縄エリアの特設カバーセンターを神戸DC→福岡DCへ変更

阪神大震災　物流対応ドキュメント②

1月18日（水）

8：00　兵庫県庁商工部とヘリコプター使用調整
13：00　ヘリコプター離着陸場所の調整
14：00　IFC→ポートアイランドヘリポート→ポートアイランド店に飲料水等をヘリ輸送（神戸大橋通行不可のため）
23：00　兵庫県庁商工部よりヘリコプター実行の承認
※関西汽船チャーターによる神戸被災地区以西各店への配送計画立案、調整（関西汽船、港湾局）

◎緊急物資対応

発基地	緊急物資	車輌数	ルート
関東　各DC	防寒服	11t 1台	陸路
八千代・厚木	ビニール袋、ラップ等	11t 3台	陸路
福岡	SVティッシュペーパー	11t 1台	陸路
羽村	おにぎり　他	11t 2台	陸路

※神戸、PI、魚崎、深江各DC在庫商品の供給ルート変更
（1／17　19：00発注締め分より＝実質1／18より）

- 近畿各店に関しては、当面DB送り込み及び取引先直納とする。

◎主な略語一覧

HOC：浜松町オフィスセンター
浜松町にあるダイエーの東京本社。

神戸DC：神戸ディストリビューションセンター（神戸配送センター）
近畿地区の店舗に一般食品や非食品を配送するセンター。神戸市深江。

RDC：リージョナルディストリビューションセンター
中部・近畿・中四国地区のDCや店舗に一般食品、衣料、雑貨等を供給する広域センター。ダイエーには、ほかに北海道、東北、関東、九州の3つがあり、日本国内を4つのセンターでカバーしていた。

D-CVS：ダイエーコンビニエンスシステムズ
ローソンの旧社名、現在のローソン。

IFC：茨木フードセンター
生鮮食品や牛乳、豆腐といった食品の製造加工・配送基地。ここから直接店舗に配送された。近畿・中国・四国の店舗に納入していた。大阪府茨木市。

SV：スーパーバイザー
スーパーバイザーとは、品目別に数店舗を担当し販売の指導を行う職種。

阪神大震災　物流対応ドキュメント③

1月19日（木）

2：00　ヘリコプター輸送ルートの決定
IFC→伊丹空港→県消防学校→店（名谷、長田、ローソン）
商品、車輌、人の手配
3：00　フライトスケジュール決定

◎ヘリコプター対応

伊丹発	神戸着	商品	納品店
11：00	11：15	ミネラルウォーター200CS	名谷
11：30	11：45	ミネラルウォーター200CS	長田、ローソン
12：00	12：15	ラーメン200CS	名谷

1／18（水）よりヘリ輸送の拡大調整実施
→1／18　23：00　国土庁→総務本部ルートで自衛隊ヘリ利用調整開始
1：30　着陸地、輸送商品等国土庁へ回答
8：00　離陸候補地をピックアップし、国土庁へ回答
9：00　自衛隊ヘリによる候補地現調開始
1／19　12：05　自衛隊→国土庁より全候補地離着陸不可との連絡
自衛隊による周辺代替用地探索
15：00　国土庁より適切な代替用地なしの連絡→断念

◎フェリー対応

南港発	東播磨着	店舗数	車輌数
8：05	10：35	21	45

関西汽船さんふらわあ（10,000t）
チャーターにて垂水～姫路間の
店舗へ配送（IFC1便）

◎緊急物資対応

発基地	緊急物資	車輌数	ルート
福岡	ティッシュペーパー、テレビ、洗剤等	11t 2台 4t 1台	陸路
八千代	日用雑貨	11t 3台	陸路
厚木	日用雑貨	4t 3台	
羽村	いなり他	11t 2台	陸路
福岡	ミネラルウォーター	11t 1台 5.5t 1台	陸路

1月20日（金）

◎ヘリコプター対応

伊丹発	神戸着	商品	納品店
11：00	11：15	水・パン・牛乳・バナナ	ハーバーランド
12：00	12：15	ソーセージ・おにぎり・米飯	長田
12：30	12：45	粉ミルク・カロリーメイト	名谷

5：00　兵庫県庁商工部より1／21以降のヘリ輸送継続が確定出来ない旨連絡
17：00　未確定のため、商品・車輌・人を仮押さえ（県対策本部会議継続）
24：45　1／21よりヘリ輸送断念の旨連絡有り
※当日並行して民間のヘリコプター会社にアプローチ→1／21よりヘリは断念。陸路及びフェリー輸送にての対応とする。

阪神大震災　物流対応ドキュメント④

◎フェリー対応

南港発	東播磨着	店舗数	車輌数
8：05	10：35	19	34

- 1／21（土）、1／22（日）関西汽船利用不可に伴う代替フェリー利用調整（淡路フェリー等）
  →諸問題クリア出来ず断念（陸送対応強化）
- フェリー接岸港の変更調整→1／24（火）より摩耶埠頭利用可能
- D-CVS（ローソン）配送者のフェリー利用調整→1／23（月）より利用開始

◎緊急物資対応

発基地	緊急物資	車輌数	ルート
福岡	ポリ袋、ボンベ、おしりふき	11t 1台	フェリー
八千代	紙おむつ、電池、ペーパー	11t 3台	陸路
厚木	コンロ、ボンベ、テープ等	11t 4台	陸路
		4t 2台	陸路
羽村	おにぎり他	11t 1台 4t 1台	陸路 陸路
福岡	給水車	2台	陸路
TFC	菓子パン他	11t 2台	陸路

※神戸ソーター稼動に伴う、商品供給体制変更調整
※近畿各店に対する本部在庫商品（神戸・PI・魚崎・深江各DC在庫）供給再開に関する調整実施

1月21日（土）

◎緊急物資対応

発基地	緊急物質	車輌数	ルート
八千代	ティッシュペーパー	11t 8台	陸路

◎店配送車輌他エリアよりの応援による増車

関東・福岡発日	台数(4t車)	累計
1／20(金)	23台	
1／21(土)	21台	44台
1／22(日)	13台	57台

◎IFC店配送時間チェック

	IFC発	店着	所要時間		IFC発	店着	所要時間
T尼崎	6：30	8：30	2時間00分	長田	5：40	11：40	6時間00分
深江	7：10	11：30	4時間20分	西神中央	5：30	10：00	4時間30分
ポートアイランド	6：35	12：20	5時間45分	名谷	6：00	9：00	3時間00分

1月22日（日）

◎緊急物資対応

発基地	緊急物資	車輌数	ルート
八千代	紙おむつ、ゴミ袋、おしりふき、ウェットティシュ、ペーパー	11t 4台	陸路
原木	コンロ、ボンベ、電池	11t 4台	陸路

◎IFC店配送時間チェック

	IFC発	店着	所要時間
西宮	5：50	7：55	2時間05分
名谷	5：25	10：50	5時間25分
灘	6：30	12：00	5時間30分
芦屋浜	5：00	6：55	1時間55分
イタリーの六甲	7：00	10：20	3時間20分

D-LGS他エリア応援（50名）神戸DC入所。

阪神大震災　物流対応ドキュメント⑤

1月23日（月）

◎緊急物資対応

発基地	緊急物資	車輌数	ルート
福岡	給水車	2台	陸路

◎フェリー対応

南港発	東播磨着	店舗数	車輌数
8:05	10:35	19	32

◎IFC店配送時間チェック

	IFC発	店着	所要時間
西宮	5:30	6:10	40分
名谷	4:00	8:35	4時間35分
芦屋浜	5:30	8:50	3時間20分

1月24日（火）

◎フェリー対応

南港発	摩耶着	店舗数	車輌数
8:30	9:30	11	14

◎IFC店配送時間チェック

	IFC発	店着	所要時間
西宮	5:20	6:40	1時間20分
名谷	4:55	10:15	5時間20分
灘	4:45	7:05	2時間20分

- IFC→南港→摩耶→各店ルートのフェリーについて道路事情改善（中国道開通）により1／26（木）より中止を決定。
- 給水車手配関係→店舗企画本部営繕部へ引継ぎ

1月25日（水）

◎フェリー対応

南港発	摩耶着	店舗数	車輌数
8:30	9:30	13	15

◎IFC店配送時間チェック

	IFC発	店着	所要時間
西宮	5:10	5:50	40分
本山	4:20	8:40	4時間20分
名谷	6:00	11:00	5時間00分

1月26日（木）

◎IFC店配送時間チェック

	IFC発	店着	所要時間
西宮	6:20	8:35	2時間15分
本山	3:30	6:00	2時間30分
名谷	3:30	7:00	3時間30分

- 閉鎖予定店舗商品の引き上げ対応検討スタート
- 経済企画庁物価安定対象商品発表
  →当社取扱い＝33品目、47SKU
  在庫管理強化

阪神大震災　物流対応ドキュメント⑥

1月27日（金）

◎IFC店配送時間チェック

	IFC発	店着	所要時間
西宮	5:35	6:56	1時間21分
本山	4:00	7:00	3時間00分
名谷	4:45	6:00	1時間15分

- 閉鎖予定店舗商品の引き上げ対応詳細化　バンドール、スポーツワールド、バレックス、ハーバーランド、Kou's神戸以上5店舗実施（1／26〜31）
- 個店での店間振替再開調整実施→再開時期、ルールの詳細調整実施

近畿エリアDCの復旧計画概要策定→報告

1月28日（土）

◎IFC店配送時間チェック

	IFC発	店着	所要時間
西宮	5:15	6:45	1時間30分
本山	5:00	7:45	2時間45分
名谷	4:30	7:00	2時間30分

1月29日（日）

◎IFC店配送時間チェック

	IFC発	店着	所要時間
西宮	3:25	7:00	3時間35分
本山	5:25	7:25	2時間00分
名谷	3:35	7:25	3時間50分

- 閉鎖予定店舗商品の引き上げ
バンドール、バレックス、ハーバーランド、Kou's神戸　以上4店舗実施

近畿エリアDCの復旧計画詳細化（ステップ展開スケジュールの策定）

1月30日（月）

◎IFC店配送時間チェック

	IFC発	店着	所要時間
西宮	5:30	8:00	2時間30分
本山	4:30	6:20	1時間50分
名谷	4:00	6:00	2時間00分

- 閉鎖予定店舗商品の引き上げ
バレックス、ハーバーランド
以上2店舗実施
- 東灘SD（倒壊）の代替物件（日通伊丹）へ移転→2／12より稼動予定

近畿エリアDCの復旧計画の確定及び、関係先案内の実施

1月31日（火）

◎IFC店配送時間チェック

	IFC発	店着	所要時間
西宮	4:30	5:15	45分
本山	4:20	5:45	1時間25分
名谷	3:00	5:30	2時間30分

阪神・淡路大震災資料

震災の名称は、1995年2月14日の閣議により「阪神・淡路大震災」となった。

◎地震の概要（気象庁発表）

（1） 発生年月日　平成7年（1995年）1月17日（火）5時46分

（2） 地震名　平成7年（1995年）兵庫県南部地震

（3） 震央地名　淡路島（北緯34度36分，東経135度02分）

（4） 震源の深さ　16Km

（5） 規模　マグニチュード7.2

（6） 各地の震度

震度6　神戸，洲本

震度5　京都，彦根，豊岡

震度4　岐阜，四日市，上野，福井，敦賀，津，和歌山，姫路，舞鶴，大阪，高松，岡山，徳島，津山，多度津，鳥取，福山，高知，境，呉，奈良

震度3　山口，萩，尾鷲，伊良湖，富山，飯田，諏訪，金沢，潮岬，松江，米子，室戸岬，松山，広島，西郷，輪島，名古屋，大分

震度2　佐賀，三島，浜松，高山，伏木，河口湖，宇和島，宿毛，松本，御前崎，静岡，甲府，長野，横浜，熊本，日田，都城，軽井沢，高田，下関，宮崎，人吉

震度1　福岡，熊谷，東京，水戸，網代，浜田，新潟，足摺，宇都宮，前橋，小名浜，延岡，平戸，鹿児島，館山，千葉，秩父，阿蘇山，柿岡

（注）気象庁が地震機動観測班を派遣し現地調査を実施した結果，以下の地域は震度7であった。
神戸市須磨区鷹取・長田区大橋・兵庫区大開・中央区三宮・灘区六甲道・東灘区住吉，芦屋市芦屋駅付近，西宮市夙川等，宝塚市の一部，淡路島北部の北淡町，一宮町，津名町の一部

（7） 津波　この地震による津波はなし

（1995年1月17日気象庁調べ）

◎人的、物的被害等

（平成8年12月26日現在）

人的被害	死　者		6,425人	非住家	公共建物	865棟
	行方不明者		2人		その他	3,984棟
	負傷者	重傷	8,763人	文教施設		941箇所
		軽傷	35,009人	道　路		10,069箇所
		計	43,772人	橋　梁		320箇所
住家被害	全　壊		110,457棟	河　川		430箇所
			181,591世帯	崖くずれ		378箇所
	半　壊		147,433棟	ブロック塀等		1,480箇所
			274,710世帯	水道断水		※1 約130万戸
	一部破損		230,332棟	ガス供給停止		※2 約86万戸
	合　計		488,222棟	停　電		※3 約260万戸
				電話不通		※4 30万回線超

（消防庁調べ）

※1　厚生省調べ
※2　資源エネルギー庁調べ
※3　資源エネルギー庁調べ
※4　郵政省調べ
　　ピーク時の数

◎市町別死者の状況

（平成8年12月26日現在，単位：人）

府県	市町村	死者数	(A)
兵庫県	神戸市	4,561	664
	尼崎市	48	17
	西宮市	1,125	120
	芦屋市	442	45
	伊丹市	22	11
	宝塚市	117	34
	川西市	4	3
	明石市	10	2
	加古川市	2	0
	三木市	1	0
	洲本市	4	0
	津名町	5	0
	淡路町	1	1
	北淡町	39	0
	一宮町	13	3
	小　計	6,394	900
大阪府	大阪市	17	1
	堺市	1	0
	豊中市	9	3
	池田市	1	0
	吹田市	1	0
	箕面市	1	0
	小　計	30	4
京都府	大山崎町	1	0
	小　計	1	0
合　計		6,425	904

(A)は，死者のうち，災害発生後疾病により死亡したものであるが，関係市町で災害による死者として認定した者。

◎死者の死因（兵庫県、大阪府、京都府）

（単位：人）

死因＼府県	兵庫県	大阪府	京都府	合計
家屋、家具等の倒壊による圧迫死と思われるもの	4,823	7	1	4,831
焼死体（火傷死体）及びその疑いのあるもの	550			550
そ　の　他	107	14		121
計	5,480	21	1	5,502

警視庁調べ

注：その他とは、落下物による脳挫傷・骨折、車両転落による全身打撲等である。本表には震災関連死はふくまれない。「国土庁：防災白書」（平成7年版）1995年より作成。

◎ライフラインの被害（神戸市）

ライフライン	地震発生時の状況	復旧状況
水道	地震発生と同時に市街地を中心に断水	4／17応急復旧完了
下水道	地震発生と同時に市街地を中心に管路一部破損	5／31応急復旧完了
電気	地震発生と同時に市街地を中心に停電	1／23応急復旧完了
ガス	地震発生と同時に供給停止	4／11復旧宣言
電話	地震発生と同時に市街地を中心に不通，約12万回線	1／31復旧宣言
道路	長田楠日尾線，東魚崎橋等陥没，亀裂，崩壊等約2,600カ所，道路への倒壊家屋約1万件，高架道路途絶	阪神高速道路神戸線は平成8年内
鉄道	地震発生と同時に全鉄道途絶 ／ （全線復旧）北神急行電鉄：1／18，市営地下鉄：2／16，JR・在来線：4／1，新幹線：4／8，阪急電鉄：6／12，山陽電鉄：6／18，神戸電鉄：6／22，阪神電鉄：6／26，神戸高速鉄道：8／13，ポートライナー：7／31，六甲ライナー：8／23	

「1995年阪神・淡路大震災調査報告-1-」東京大学情報研究所「災害と情報」より作成

◎地震当日の携帯電話の疎通状況

表1.2.3は，神戸市・芦屋市・西宮市・宝塚市及び淡路島に在住のNTTドコモ関西携帯電話加入者を対象（携帯電話加入者名簿から無作為抽出された1,500人を対象）に実施したアンケート調査結果である。なお，本調査の有効標本回収数・率は,683（45.5%）である。

表1

（単位：%）

		全　体	かけた人
地震当日の携帯電話の疎通状況	携帯電話から電話をかけて，すべて相手に通じた	7.8	8.9
	携帯電話からかけたが，一部しか通じなかった	48.0	55.0
	携帯電話からかけたが，一つも通じなかった	31.5	36.1
	携帯電話は持っていたが，かけなかった	6.4	−
	当日，携帯電話を持っていなかった	6.4	−

表2

（単位：%）

	当日居た場所	全て通じた	一部通じた	一つも通じない
地域別の携帯電話の疎通状況	神戸市内	6.1	51.3	42.6
	西宮市内	13.8	55.8	30.4
	芦屋市内	8.0	61.4	30.7
	宝塚市内	10.5	64.9	24.6
	淡路島	8.3	50.0	41.6

表3

（単位：%）

携帯電話，固定電話，公衆電話の疎通状況の比較		携帯電話	固定電話	公衆電話
	電話をかけて，全て相手に通じた	8.9	10.1	27.0
	電話をかけたが，一部しか通じなかった	55.0	40.9	59.9
	電話をかけたが,一つも通じなかった	36.1	47.3	11.3

「1995年阪神・淡路大震災調査報告-1-」東京大学情報研究所「災害と情報」より作成

◎（都市直下型地震）災害対策本部設置状況比較

地震名／項目		兵庫県南部地震（神戸市）	釧路沖地震（釧路市）	ノースリッジ地震（ロサンゼルス市）
発震時刻		1995.1.17　5時46分	1993.1.15　20時6分	1994.1.17　4時31分
地震の規模		マグニチュード　7.2	マグニチュード　7.8	マグニチュード　6.8
被害状況	人的被害	死者　6,425人	死者　2人	死者　61人
		行方不明者　2人	－	負傷者　約8,800人
		重傷者　8,763人	重傷者　113人	
		軽傷者　35,009人	軽傷者　819人	
	住家被害	全壊　110,457棟	全壊　12棟	居住不能建物
		半壊　147,433棟	半壊　72棟	
		一部破損　230,332棟	一部破損　3,387棟	
災害対策本部設置時刻		7時00分	20時10分	6時00分
本部設置予定庁舎の被害状況と対応		● 内壁・外壁等に亀裂，26階鋼板壁のスナークプレート内パネル一部変型。 ● 倉庫・書庫の損壊。 ● 代替施設で本部を設置せず。	● 本部庁舎（建築年，昭和40年）の望楼の監視塔部分（高さ42m）が落下し，2階部分を押しつぶした。これにより監視塔に設置していた消防無線用アンテナとケーブルが破損。消防本部と移動局との交信が不通となる。 ● 代替施設で本部を設置せず。	● 市庁舎の地下4階には，核攻撃にも耐えうる緊急対策センターがあり，被害はほとんどなかった。 ● 代替施設で本部を設置せず。
本部機能の低下の原因		● 市民等からの安否確認の問い合わせに対応	● 火災通報，救急要請が殺到	－
本部機能の応急復旧		－	● 移動局（車両）及び携帯無線機2基を高台に配置し，本部の10W携帯無線機，移動局との三者間の通信体制を確保。 ● 消防無線は，アンテナ，ケーブルを応急的に復旧し，約1時間後に復旧が可能。	－

「阪神・淡路大震災について第100報」自治省消防庁災害対策本部（1996.12.26）より作成
「ノースリッジ地震東京都調査報告書」東京都（1994.7）より作成
「釧路沖地震東京都調査班報告書」東京都（1993.5）より作成

◎避難者から役所に対する主な要望品目（神戸市中央区）

期間	品目
1月17日～31日	水・食料・毛布・木炭・カセットコンロ・ストーブ・カイロ・医薬品
2月	カセットコンロ・防寒着・下着・おむつ・ブルーシート・マスク・プロパンガス
3月	洗剤・清掃用具・トイレットペーパー・鍋・釜・調理器具・調味料類
4月	調味料類・事務用品・ゴミバケツ・ゴミ袋・トイレットペーパー・ティッシュ
5月	殺虫剤・液体蚊取り器・蚊取り線香・ゴミ袋・ガムテープ
6月	FAX用紙・殺虫剤・液体蚊取り器・くん煙剤・トイレ消臭剤
7月	タオルケット・殺虫剤・蚊取り線香
8月	ダンボール（引っ越し用）・ガムテープ・布テープ

「阪神・淡路大震災　中央区の記録」神戸市中央区（1996.3）より作成

◎初期に必要とされた医薬品

期間	必要とされた医薬品
震災後1週間	輸液・抗生剤・解熱鎮痛剤・風邪薬・消毒液・強心剤・湿布薬等
1週間以降	胃腸薬・糖尿病治療薬・降圧剤等の慢性疾患に対する薬等
期間を問わず出荷傾向にあるもの	風邪薬・うがい薬・トローチ・睡眠薬・下剤・解熱鎮痛剤・抗生剤・精神安定剤

「阪神・淡路大震災――神戸市の記録」神戸市（1996.1）より作成

◎役に立った（必要だった）救出用資機材

必要と思われた資機材	ファイバースコープ、コンプレッサー式削岩機、薄刃の鋸、鉄筋カッター、携帯用コンクリート破砕器具
使用頻度の多かった携行資機材	鋸、バール、大型油圧救助器具、エンジンカッター、チェーンソー、マット型空気ジャッキ、照明器具、空気鋸、カラビナ、ロープ、可搬ウィンチ、防塵マスク、防塵メガネ
使用頻度の少なかった携行資機材	はしご、呼吸保護器具、削岩機、送排風機

「阪神・淡路大震災の記録2」消防庁（1996.1）より作成

◎必要物資の推移（神戸市）（1月21日～2月25日）

月日	必要物資
1月21日	1. 食料品（すぐ食べることのできるもの） ——弁当，おにぎり，日持ちのする加工食品 2. 毛布，防寒着 3. 日用品——紙コップ，紙皿，割り箸 4. 医療品（内服薬除く） 5. 生理用品，乳児用品 6. カイロ
1月22日	1. 汎用衣料品（肌着，靴下） 2. 日用品——紙コップ，紙皿，割り箸 3. 日持ちのする食料品（缶詰）
1月29日	1. 食料品——レトルト食品（水を使わないものがよいという観点から。カップ麺，カレー等）・缶詰・食事用具（フライパン，鍋，やかん等）・その他（使い捨ての食器:紙コップ，紙皿） 2. 衣料品関係——防寒着（着替えが必要，セーター，トレーナー等）・手袋，下着，乳児・児童用衣料 3. 医療品関係——応急用品（バンドエイド，包帯，消毒薬，常備薬，生理用品等）・おむつ（子供，成人:成人用が特に必要）・ウエットティッシュ（水不足で洗面等が困難なため。水道が復旧すれば不要となる）・洗面用具（タオル，歯ブラシ，歯磨き，石鹸等） 4. その他——文房具（ノート，鉛筆，ボールペン等）
2月7日	1. 食料品——缶詰，インスタント食品（ラーメン，みそ汁，スープ等），レトルト食品 2. 日用雑貨——紙コップ，紙皿，紙茶碗，割り箸，石鹸，ティッシュペーパー，大人用紙おむつ，ゴミ袋，乾電池 3. 衣類——新品の下着，靴下 4. その他——運動靴
2月25日	1. 食料品（日持ちするもの，おかずにできるもの）——レトルト食品，缶詰，カップスープ，みそ汁・漬物，梅干し・味噌，醤油などの調味料（塩を除く） 2. 日用品——紙皿，紙コップ・洗濯用洗剤・ティッシュペーパー，ゴミ袋・乾電池 3. 下着類（新しい下着，靴下）

「兵庫県南部地震　神戸市災害対策本部民生部の記録」神戸市民生局（1996.2）より作成

◎兵庫県における生活必需物資の流通対策

月日	動向	対策
1月17日	被災地内の百貨店，スーパー及びコンビニエンスストア等の営業状況，物資供給状況の把握に努める。午後8時現在の営業店舗数は調査対象計625店のうち217店（34.7%）であった。また，営業を再開した店舗には客が殺到して特に飲料水やラーメン等の食料品等の在庫切れや品薄状態が生じ，店頭には長い行列ができたり入場制限を行っていた店もあった。	県としては，チェーンストア協会及び関係各社に対して，営業可能な店舗への生活物資の供給と，建物内での営業が不可能な店舗については駐車場での臨時営業について最大限の努力を行うように要請する。また，各社の行う生活必需物資の輸送に対する支援として，交通情報の提供等を行った。
1月19日	交通網の寸断・渋滞により物資輸送の遅れが深刻となり，迅速な輸送確保が最大の課題となる。	警察の緊急車両による先導等神戸市内の各店舗への陸路輸送の確保に努める。また一方，陸上自衛隊の大型ヘリコプターによる空輸を実施（19～20日）し，飲料水・ラーメン・牛乳等の生活必需物資を輸送した。
1月20日	不足物資の現地調査を行う一方，大型店の生活必需物資の供給状況の把握に努める。衣料類では肌着，食品ではパン・カップラーメン等の非常食，日用品ではポリタンク・乾電池等の需要が高いことが判明。 神戸市内の元町商店街や東山市場の一部で営業が再開された。	

「阪神淡路大震災－兵庫県の1ヵ月の記録」阪神・淡路大震災兵庫県災害対策本部（1995.7）より作成

スーパー利用者の声

『フレー！　フレー！　阪神・淡路がんばっています　応援してます　オレンジページ「Orange Post」で紹介した全記録』（1999・1・30）より

▼娘にも大きなショックが。

いつも、このコーナーの皆さんのお便りを読んで、いろいろ考えさせられたり、あのときの恐怖が思い浮かんでゾッとしたりしています。

あのとき、わが家の長女はちょうど1歳6ヵ月を過ぎたころで、言葉が遅くて心配していたのをよく覚えています。震災のあった当日、車で10分ほどの所にある私の実家が心配で、まだ夜も明けきらない薄暗いなかを、〝もしかして……マンションが倒れていたら……。母が、たんすの下敷きになっていたら……〟と車を走らせました。

着いたらマンションは昨日と同じままで、少しだけホッとしました。そして、ピンポーンと鳴らしたつもりが、母はいっこうに出てきません。もしや……もしや……と思って、ドンドンとドアをたたいてみると、母は出てきました。停電でドアチャイムが鳴らなかったのです。

そしてそのときです。まだ何もしゃべれなかった娘が、祖母の顔を見たとたん、本当に怖かったという顔で、「こー!!（こわい）」と言ったのです。その後は、いつもの娘に戻ったのですが、私も母も、「親が怖い、怖いと言ってて、自分も怖かったから、ばあば（祖母）に言ったんだね」と話しました。

それからは、皆さんもご存じのとおり、断水、ガスなし、電気のみの生活が2ヵ月くらい続きましたが、今まで何不自由なく暮らしてきた自分たちがいかに幸せだったか、本当に思い知らされました。震災直後、買いだめをしなくては……と車で走り回る私たち姉妹に「そんなことしなくても、人間は生きていける」と一歩も外に出ようとしなかった母の言葉も、今となってはうなずけるひと言になりました（震災後の食料品は異常に高値の店もあった）。

最後に……わが家の夫は地震で家が揺れている間、必死で娘をかばう私を横目に、一人で「怖い、怖い」とふとんの上で叫んでいました。でも、その後は、水くみや食料品の確保など、本当に頼りになる夫でした。パパ、ありがとう。感謝しています。

兵庫県神戸市・匿名希望・24歳

▼スーパーで知った復興に向けてのきざし。

先日、スーパーへ買い物に行き、支払いをすませ、何気なく、買ったばかりのレタスのビニール袋を見ると、なんと〝兵庫レタスＪＡあわじしま〟と印刷されているではありませんか！　胸がじんとなってしまいました。

テレビ、新聞で、多くのかたがたが不自由な避難所生活をされている姿を見て、心が痛む思いをしていましたが、そういったなかでも被災されたかたたちは復興に向けてがんばっているのだと、このレタスが教えてくれたようです。

人ごととは思えない今回の地震でしたが、被災されたかたがた、どうぞ、希望を捨てずに頑張ってください。一日も早い復興を心からお祈りいたします。

茨城県ひたちなか市・匿名希望・36歳

▼善意をムダにしたくないので……。

４月17日号の「ＯＲＡＮＧＥ ＰＯＳＴ」の大阪府門真市の匿名希望のかたのお便りを読んで、私も同感でした。

とくに、缶入りの飲み物についてです。水、ジュース、コーラ、お茶、スープなど、いろんな飲み物が皆さんの善意の救援物資として、届きました。本当にありがとう。

でも、なかには、製造年月日の古いものが数々ありました。缶入りの水やジュースなどは長いので２年くらい大丈夫なのですが、缶の底の製造年月日を見てびっくり。’92年１月というのがありました。賞味期限を多少過ぎても飲めることは飲めるのですが、３年近くオーバーしているのです。それを知らずに飲んで、もしぐあいが悪くなったら……と思うと、せっかくの善意がムダになってしまい、とても残念です。

そんなオーバーな、と思う人もいるかもしれませんが、反対の立場になって考えてほしいのです。主人の実家が長田区にあり、今でもまだ救援物資をいただいているそうです。衣類や靴、おもちゃに文具類、食料品など、いろいろなものがあり、すごく感謝しています。でも、送る前にもう一度確かめてほしいのです。お願いいたします。

今回の大地震で、水もガスも出ない（電気は4月17日の昼ごろつきました）、想像もしていなかった出来事、生活……。

そんななか、いろんな人たちが助けてくれました。埼玉や横浜などの給水車、NTT東京の車、ガスの復旧隊の車は秋田の車。驚きとうれしさで胸がいっぱいに……。

被災地を応援してくださる皆さん、力を貸してくださった皆さん、本当にありがとうございます。神戸の街も少しずつ復興しつつあります。以前とは少し違った街並みになると思いますが、前よりもっともっときれいな、そして震災に強い都市、神戸になるでしょう。

兵庫県神戸市・地震であわてた2児の母

▼必ず新しい神戸がやってくる！

神戸で生まれ育って27年。一度たりとも、「神戸に大地震が起こる」なんて考えたこともありませんでした。

でもあの1月17日の早朝を境に、私たちの街も家も会社も何もかもが崩れていってしまいました。初めて「死ぬかもしれない」と思いました。

その日以来、水も電気もガスも断たれ、私たちの生活も一変。

しかし、そんななかにあって、神戸の人の温かさに触れ、涙が出そうになったのは私だけではないでしょう。水道が出る地域では、家の外に〝水、ご自由におとりください〟と貼り紙をして、わざわざホースをつけてくれている町内もありました。

スーパーで自分がいったん、かごに入れていた商品を「おたく、何も買えてないやん。分けたげるわ」と分けてくれたかたも。TVでは、焼きいもが千円とか白菜が千円とかで売られているなんて、いやな報道もされていますが、そんなところは本当にわずかなのです。

私たちは今、もう一度あの美しい街を取り戻すため、懸命に頑張っています。そして、必ず新しい神戸がやってくると信じています。ほかの地域の皆さん、いろいろと応援ありがとうございました。

兵庫県神戸市・Hさん・27歳

地震用語集

▼マグニチュード（M）と震度

マグニチュードは地震の規模を表す値で、地下で岩盤が破壊されるときのエネルギーの大きさを表す（求め方にいくつか種類あり）。１つの地震に対して１つの値となる。例えば阪神・淡路大震災のマグニチュードは７・２だった。マグニチュードが１大きくなると地震のエネルギーは約32倍になるので、マグニチュード８の巨大地震はマグニチュード６の中規模地震の１０００倍近いエネルギーということになる。発生回数は、マグニチュードが１大きくなると１／５から１／10に減るといわれている。

震度とは、地表のある地点での地震による揺れの強さを表す。地震の大きさだけでなく、震源（地下で最初に地震波の発生した場所）からの距離、地盤の硬さなどの条件によって左右される。日本では、揺れの度合いを10階級（０、１、２、３、４、５弱、５強、６弱、６強、７）に分けた「気象庁震度階級」というものが使われている。

▼直下型地震（内陸地震）

プレート（地球を覆っている岩盤の層・海洋プレートより大陸プレートのほうが軽い）の運動（年に数センチの速さで移動している）によって陸のプレートが圧迫され、内部にひずみが生じる。これが蓄積されるとプレート内部の弱い部分で破壊が起こり、地震が発生する。この種類の地震は震源地が内陸や陸地に近い海底であるため、規模が小さくても大きな被害を発生させるおそれがある。阪神・淡路大震災がこのタイプ。

▼プレート境界型地震（海溝型地震）

プレート同士が接する境目で、引きずり込まれた側にひずみが生じ、限界に達すると元に戻ろうとして跳ね上がって地震を引き起こす。日本列島付近には４枚のプレートがあり、日本列島はユーラシアプレートと北米プレートの上に乗っている。これらのプレートを引きずり込みながら、その下に太平洋プレートとフィリピン海プレートがもぐり込んでいる。現在発生が危惧されている東海・東南海地震がこのタイプ。

▼液状化現象

地震によって地盤が一時的に液体のようになってしまう現象。水分をたくさん含んだ埋め立て地や河口などの地盤で起こりやすく、地盤の上の建物を傾かせたり沈ませたりする。１９６４年の新潟地震で、アパートの倒壊や新設の橋の崩落など被害が続出したことで注目された。阪神・淡路大震災でも、ポートアイランド・六甲アイランドが被害を受けた。液状化が収まった後には、以前よりも水分の少ない硬い地面となる。

▼津波

地震で海底の地形が急激に変化すると、隆起した部分が波の山に、沈降した部分が波の谷となって四方に伝わり、津波が発生する。津波の高さは海底や海岸の地形などにより大きく左右され、外洋では１ｍ以下でも、岸に近づき水深が浅くなるにつれ数倍から10倍の高さになる。また水深が深いほど速く、太平洋ではジェット機なみの時速約７１０㎞にもなる。海岸近くでも秒速10ｍほどなので、津波が見えてからでは逃げ切るのは難しい。

▼災害対策基本法

災害対策基本法は、昭和34年の伊勢湾台風を契機として昭和36年に制定された、我が国の災害対策関係法律の一般法である。

この法律の制定以前は、戦争による国土の荒廃により、相次ぐ地震や台風による災害に対し、必ずしも有効に対処できなかった。また、災害に関する法律が災害の起こるたびに制定され、他の法律との関係について充分考慮されないまま、各種法律が整合性を持たず、防災行政は充分な効果をあげることができなかったのである。

このため、防災体制の不備を改め、災害対策全体を体系化し、総合的かつ計画的な防災行政の整備及び推進を図ることを目的として本法が制定された。阪神・淡路大震災後の平成7年に、大幅に改正された。

災害対策基本法の改正概要一覧

◎政府の災害対策本部関係等

改正項目	改正後	改正前
非常災害対策本部	第24条 ○内閣総理大臣が設置する際に閣議は不要	○内閣総理大臣が閣議にかけて設置
緊急災害対策本部	第28条の2、28条の3 ○災害緊急事態の布告がなくとも、著しく異常かつ激甚な災害が発生した場合は設置可能 ○本部員は全閣僚など ○本部長は、指定行政機関の長に対しても指示できる	○災害緊急事態の布告がなされた場合に設置 ○本部員は、局長級の各省庁の職員 ○本部長は、指定地方行政機関の長等に対してのみ指示することができる
現地対策本部	第25条、第28条の2 ○非常災害現地対策本部及び緊急災害現地対策本部を法定化	○実際上設置されていたが、法に基づくものではなかった
緊急政令	第109条の2 ○災害緊急事態布告時は、海外からの支援受入に関し緊急政令制定可能	○規定なし

◎交通規制関係

改正項目	改正後	改正前
都道府県公安委員会による交通規制	第76条 (災害時における交通の規制等) ○交通規制権限を当該都道府県公安委員会・隣接公安委員会のみならず、近接公安委員会にも付与 ○規制対象として道路の区間に加え、区域についても指定可能とした ○優先通行可能な車両を「緊急輸送車両」から「緊急通行車両」へと拡大 ○交通規制の円滑な実施のため、規制を行った都道府県公安委員会は、区域内の者に対して、必要な事項の周知措置の実施	第76条 (災害時における交通の禁止及び制限) ○交通規制権限は当該都道府県公安委員会・隣接公安委員会 ○規制対象は道路の区間 ○優先通行可能な車両は「緊急輸送車両」
運転者のとるべき措置	第76条の2 ○区間に係る通行禁止が行われた場合には、運転者は車両を道路の区間以外の場所へ移動しなければならない ○区域に係る通行禁止が行われた場合には、運転者は車両を道路外の場所へ移動しなければならない ○通行禁止区域等にある車両の運転者は、警察官から指示を受けたときは、その指示に従って車両を移動・駐車しなければならない	○規定なし
警察官による措置	第76条の3 ○警察官は、通行禁止区域等において、車両等が通行の妨害となる場合には、占有者等に対して移動等の措置をとることができる ○命ぜられた者が措置をとらない場合や相手が現場にいない場合には、警察官は自ら措置をとることができる ○警察官不在の場合、災害派遣を命じられた部隊等の自衛官又は消防吏員が警察官の当該権限を行使できる	○規定なし

◎地方公共団体関係

改正項目	改正後	改正前
地方公共団体の相互の協力	第5条の2 ○地方公共団体は責務を十分に果たすため相互に協力するように努めなければならない	○規定なし
被害状況の報告	第53条 ○都道府県に報告できない場合、市町村は内閣総理大臣に災害状況等を報告 ○非常災害の場合、市町村、都道府県等は非常災害の規模の把握のため必要な情報の収集に特に意を用いる	○市町村は災害状況等を都道府県に報告 ○規定なし
都道府県知事による事務の代行	第60条 ○都道府県知事は、市町村が全部又は大部分の事務を行うことができなくなった場合は、避難勧告・避難指示を代行しなければならない	○規定なし
災害派遣の要請要求	第68条の2 ○被災地の市町村長が都道府県知事に対して自衛隊の災害派遣を要請するよう要求できる ○上記要求ができない場合には、市町村長が防衛庁長官等に対し、直接被害状況を報告できる	○都道府県知事が防衛庁に対し、災害派遣の要請を行うことができるのみで、市町村長の災害派遣に関する規定はなかった
災害派遣の要請要求	第8条 ○地方公共団体の相互応援に関する協定の締結	○規定なし

◎その他

改正項目	改正後	改正前
災害派遣された自衛官への権限付与	第63条、64条 ○市町村長等が現場にいないときなど、派遣された自衛官が、警戒区域の設定や応急公用負担を実施することができる	○警察官や海上保安官に関する規定はあったが、自衛官にはなかった
施策における防災上の配慮	第8条 ○自主防災組織の育成、ボランティアによる防災活動の環境整備 ○高齢者、障害者等の配慮を要する者への防災上必要な措置の実施 ○海外からの防災に関する支援の受け入れ	○規定なし
罰則の強化	第113条～116条 ○罰金の額を6倍～10倍に引き上げ（例）保管命令違反　6か月以下の懲役又は30万円以下の罰金	○保管命令違反　6か月以下の懲役又は5万円以下の罰金

阪神・淡路大震災発生60日間のライフラインの状況

1995年

1月17日

●近畿地方で強い地震が発生。兵庫県淡路、阪神地区震度7。同時に広範囲で停電、電話、都市ガス、水道が不通。
●東海道新幹線、山陽新幹線をはじめ、関西、四国などのJR線全線ストップ。
名神高速、阪神高速など高速道路全面通行止め。私鉄各線も全線にわたって運転を見合わす。
●阪急伊丹駅、神戸市東灘区の阪神高速道路の倒壊映像が全国に衝撃をあたえる。
●JR山陽新幹線の新大阪—姫路間で高架落下など数カ所、東海道線西宮—西明石間で、列車脱線を確認。
阪神電車の高架が各所で崩壊、阪急神戸線も寸断状態。
●近畿通商産業局に災害対策本部を設置、電気、ガスのライフラインの調査を開始。
●貝原俊民兵庫県知事、職員の車で登庁。災害対策本部設置。
●貝原兵庫県知事、陸上自衛隊に災害派遣要請。政府、対策本部と関係閣僚会議の設置を決定。
●気象庁「平成7(1995)年兵庫県南部地震」と命名
●大阪管区気象台発表　午前10時までに余震は460回、有感地震33回
●警察庁発表　午後7時現在
死者1,132人、行方不明822人、負傷者3,569人
停電世帯　神戸、西宮、芦屋、伊丹市など約100万世帯
断水世帯　兵庫県9市5町で約120万9,300世帯　大阪府22市2町で約2万2,100世帯
ガス供給停止世帯　兵庫県8市1町で約84万4,800世帯　大阪府3市1町で約1万2,600世帯
(電話不通)　阪神間を中心に約19万3,000回線不通
(交通)　近鉄を除いて、JR各線、阪急、阪神、京阪、南海の殆ど全線がストップ。
(道路)　阪神、名神、中国道など高速道路、バイパスは、ほぼ全線不通。

1月18日

●京阪、近鉄、南海各電鉄平常運転。

1月19日

●阪急京都線、宝塚線梅田―雲雀丘花屋敷　神戸線梅田―西宮北口再開。
●阪神本線　梅田―甲子園間運転開始。神戸市営地下鉄一部運転再開。
●神戸市東灘区御影浜町の三菱液化ガスのLPGタンクからガス洩れの恐れが起こり、付近住民に避難、退避勧告。
●山陽新幹線、姫路―岡山間運転開始。
●大阪管区気象台　震源地は淡路島北東3キロの明石海峡付近と特定。
●神戸市内の小中高校344校が休校。
●NTT本社、神戸市内の電話27万6,000回線が復旧と発表。
●連絡橋が寸断したポートアイランドの中央病院に兵庫県加美町から給水車。島の外から初の給水。
(交通)　JR山陽新幹線(新大阪―姫路)、JR東海道線(甲子園口―神戸)、阪急(西宮北口―三宮他各支線)、阪神(甲子園元町他各支線)、神戸高速鉄道、神戸市営地下鉄、神戸新交通、神戸電鉄、山陽電鉄の被害判明。復旧のメド立たず。

(電気)　高圧線の被害甚大。東北電力、九州電力など6社の移動用発電機車46台が被災地の緊急送電。病院、対策本部を優先して送電。
(ガス)　他社からの応援も含め7,700人が点検復旧作業。ガス管のヒビ割れ目立ち、復旧の見通し困難。
(水道)　神戸、西宮、芦屋市全域、淡路島含め95万世帯断水。
●三宮付近でビル火災、中央区、東灘区など10ヶ所で火災。
●西宮、長田区、東灘区などで、生き埋めの救出が相次ぐ。
●避難所　午後3時現在984カ所に27万5,000人。
(電気)　神戸、西宮、宝塚の約11万世帯、神戸市長田区、中央区ほぼ全世帯停電続く。約4,000人の仮設電線による送電作業を進め、倒壊又は焼失家屋約2万世帯を除き、ほぼ仮復旧へ。
(ガス)　阪神間85万世帯が供給停止状態。ガス管の損傷程度の把握がむずかしく復旧作業難航。日本ガス協会の救援隊20日現地入り。

1月20日

（水道）神戸、西宮、芦屋市全域、淡路島含め95万世帯断水。

（電話）被災地域へ電話殺到。かかりにくい状態続く。避難所、公園など83カ所に455回線の臨時電話を設置。

●警察庁発表、死者4,000人を超す
死者4,047人、行方不明727人、負傷者2万1,671人、倒壊家屋3万415棟
●兵庫県災害対策本部で、仮設住宅、物資配給、道路復旧対策を協議。仮設住宅の建設始まる。
●西宮市で銭湯再開。1人1分の制限つき、1,500人が並ぶ。
●気象庁が神戸市中央区と淡路島北部の震度を「7」と判定。
（電気）停電世帯6万。22日に全世帯への供給見通しを発表。
（ガス）85万世帯ストップのまま。3,000〜4,000世帯のブロックを4日間で修理、供給家庭を増やす計画を進める。
（水道）明石、神戸、西宮で一部復旧。芦屋は全世帯断水続く。

（住宅）神戸、尼崎、西宮、芦屋で仮設住宅の建築に着手。避難所の被災者数31万人。

（医療）日本赤十字社、東灘の避難所に救護所。「薬不足」「医師不足」の不安に加え透析患者の問題が起こる。

1月21日

●警察庁発表　死者4,500人超す
死者4,555人、行方不明665人、負傷者2万3,764人　倒壊家屋4万4,688棟
●JR福知山線　塚口—宝塚間復旧。
●大学入試センター試験の追試開始。
（電気）停電地域　神戸市東灘、灘、中央、長田、兵庫、須磨区の3万世帯。22日中の復旧をめざす。
（ガス）供給停止85万世帯。家庭への低圧管の復旧はじまる。
（電話）神戸市5万6,000、西宮市2,000、淡路島2,000回線不通。避難所などの186カ所に無料特設電話を設置。

	(住宅)　トイレの問題大きくなる。避難所1,090カ所に設置されたトイレは1,000。500を増設する予定だが、全く不足。
1月22日	●電気の応急復旧ほぼ完了。地震後初の雨天。傾斜地での土砂崩れの危険性。 (電気)　停電世帯約1万世帯に減る。 (ガス)　依然として85万世帯が供給不能。大阪ガス、避難所用にカセット・コンロ10万台を用意、配送を始める。
1月23日	●JR須磨—西明石間運転開始、福知山、山陰、播但線回りの直通運転を開始。 ●西宮—神戸間、3社でバスでの代替運転開始。数時間待ち。 阪急電鉄　西宮北口—門戸厄神、西宮北口—今津間運転開始。
1月24日	●警察庁発表　死者5,000人を突破 死者5,060人　行方不明102人　負傷者2万6,284人　倒壊家屋5万6,243棟 各自治体で、防災計画の見直しの動き。兵庫県では、87年作成の震災対策で震度5〜6を想定。 (避難所)　1,037カ所。トイレの不衛生の問題が起こる。
1月25日	●阪神高速道路　大阪環状線全線開通 ●JR東海道線　甲子園口—芦屋間復旧開通 (水道)　断水63万世帯。神戸市60%、西宮市80%、芦屋市ほぼ全域。宝塚市40%、明石、伊丹市の30%で水が出ない。幹線配水管の損傷が多く、復旧作業は難航。 (ガス)　供給停止85万世帯。新たに4,900世帯が雨水侵入のために停止。
1月26日	●阪神電鉄　甲子園—青木間復旧開通
1月27日	●中国道が全通。寸断された東西の物流が復活。 ●神戸市で仮設住宅申込み始まる。避難所で生活する22万5,000人は、全人口の1／7に当たる。
1月28日	●西宮—三宮に直通バス、3社で運転開始。大阪—神戸の交通やっとつながる。 ●震災地域の児童・生徒、全国に1万2,662人疎開。
1月29日	●在日韓国人むけに、長田区でミニFM局開局
1月30日	●JR山陽線　神戸—須磨間復旧開通

1月31日
●阪急電鉄　今津線　仁川―宝塚間復旧開通
（ガス）　大阪ガスが提供したカセットコンロ、11万4，500台。ボンベ、52万6，000本。避難所や病院で喜ばれる。
（水道）　断水世帯51万7，400。地震で断水した9市5町の38・2％。
●阪神高速　池田線上下全線開通、大阪空港、中国道へつながる
●警察庁発表
死者5，096人　行方不明13人　負傷者2万6，801人
家屋倒壊10万3，538棟

2月1日
●阪神電鉄　三宮―高速神戸間復旧開通。
●関西私立大学で入学試験
●阪神高速　東大阪線、大阪港線全線開通

2月5日
●阪急電鉄　今津線　門戸厄神―仁川全線開通
（水道）　兵庫県下の水道管の損傷、本管1kmにつき1カ所。
（ガス）　依然供給停止、74万8，000世帯

2月6日
●神戸高速鉄道　花隈―新開地間復旧開通

2月7日
●神戸電鉄　長田―鈴蘭台間復旧開通

2月8日
●JR東海道線　芦屋―住吉間復旧開通

2月13日
●阪急電鉄　御影―王子公園間復旧開通

2月15日
●JR和田岬線　兵庫―和田岬間全線開通

2月16日
●神戸市営地下鉄　山手線　新長田―上沢間復旧開通（三宮駅口通過）
西神線　新長田―板宿間復旧開通
●山陽電鉄　東須磨―須磨寺間復旧開通

2月20日
●阪神電鉄　岩屋―三宮間復旧開通

2月25日
●阪神高速神戸線の被害判明。橋桁のほぼ9割破損。

総数　損傷数
橋桁　1，305枚　約1，100枚
橋脚　1，175本　約650本
支承　1，000区間余　約700区間

2月26日
●西宮、芦屋市で合同慰霊祭
避難所　震災ショック、避難ストレスで被災者に重度の胃腸障害続出する。

3月1日
●阪急電鉄　甲陽線　全線開通
●阪神電鉄　西灘―岩屋間復旧開通

3月11日
●阪急電鉄　伊丹線　全線開通（伊丹仮駅舎）

3月12日
●阪急電鉄　王子公園―三宮間復旧開通
●兵庫県都市計画地方審議会「阪神大震災復興都市計画案」を住民と十分意見を交換することの付帯意見をつけ承認。

3月17日
●近畿管区警察局しらべ（災害から2カ月）
死者5，490人　行方不明2人（避難所）兵庫県794カ所

＊

4月8日
●JR東海道線　住吉―灘間復旧。74日ぶりに阪神間に直通電車運転。

【主な災害対策関連法】

［基本］

災害対策基本法
地震防災対策特別措置法
大規模地震対策特別措置法
地震防災対策強化地域における地震対策緊急整備事業に係る国の財政上の特別措置に関する法律
建築物の耐震改修の促進に関する法律
石油コンビナート等災害防止法
原子力災害対策特別措置法
原子力発電施設等立地地域の振興に関する特別措置法

［組織関係］

消防組織法
警察法
自衛隊法
海上保安庁法
日本赤十字社法
国際緊急援助隊の派遣に関する法律

［災害復旧および財政金融措置］

激甚災害に対処するための特別の財政援助等に関する法律
防災のための集団移転促進事業に係る国の財政上の特別措置等に関する法律
公共土木施設災害復旧事業費国庫負担法
公立学校施設災害復旧費国庫負担法
災害被害者に対する租税の減免、徴収猶予等に関する法律
被災市街地復興特別措置法
被災区分所有建物の再建等に関する特別措置法
特定非常災害の被害者の権利利益の保全等を図るための特別措置に関する法律
地震保険に関する法律

【主な参考文献】

『防災白書』（平成8年版～平成15年版）　内閣府
『地域防災データ総覧　阪神・淡路大震災基礎データ編』（平成9年3月）
（財）消防科学総合センター

※防災ガイド・防災マップなどは各市町村がその地域の実状に応じたものを作成しているので、参照されたい。

阪神《はんしん》・淡路《あわじ》大震災《だいしんさい》　流通《りゅうつう》戦士《せんし》の48時間《じかん》

街《まち》の明《あ》かりを消《け》したらあかん

印　刷　2024年12月20日
発　行　2025年 1 月10日
編　者　流通《りゅうつう》科《か》学《がく》研究所《けんきゅうじょ》
発行人　山本修司
発行所　毎日新聞出版
〒102-0074
東京都千代田区九段南1-6-17 千代田会館5階
営業本部：03（6265）6941
図書編集部：03（6265）6745
印刷・製本　精文堂

ISBN978-4-620-55022-0